なぜ、あの先生は誰からも許されるのか？

同僚・上司、子ども・保護者と上手につき合う

吉田和夫
Yoshida Kazuo

東洋館出版社

諸外国から高く評価される日本の教育なのに！

アメリカ・ミルズ大学のキャサリン・C・ルイス教授は、10年ほど前に日本の小学校を訪問する機会を得た際、算数の授業を見学し、日常生活に結びつけて学習内容をわかりやすく教えていたことに驚いたそうです。

アメリカでは、解法を教えてから問題を解かせるのに対し、日本では最初に問題を出して子どもに考えさせることからはじめ、子どもから様々な意見を出させる中で、解法に迫っていくというのです。

このような授業を行うためには、教師が子どもの意見を引き出す技術に長けている必要があります。彼女は、日本では授業研究によって様々な技術を身につけていることを知り、研究をはじめたそうです。こうした授業研究は、アメリカのみならず、諸外国の教育研究者から高く評価されていると彼女は言います。

以前、アメリカでは、何かができるとご褒美を、できなければ罰を与えることで、子どもをコントロールする方法をとってきました。このような方法だと、教室内に子ども同士の競争意識が強く働くようになるそうです。

一方、日本の教育では、「どのような子どもを育てたいか」といった問いが先にあり、子どもたち同士が何を重視し、何をすべきかを考えさせる指導を重視します。「人間関係を大事にする」「挨拶がきちんとできる」といった、子どもの社会性や人格形成を目指す教育を行います。

前者が外発的動機づけに軸足があるのに対し、後者である日本の教育は、内発的動機づけに軸足があると言えます。日本の教育は、知的発達と社会性の育成を両立して行うという点で、世界でもトップレベルだと言われます。特に、小学校の教育はたいへん優れているそうです。

しかし、不思議なことに、日本の教師や教育界は、自分たちの指導が、世界でも類を見ないほど素晴らしいものであることを認めたがらないようです。むしろ、対外的には、ネガティブな反応をする傾向が強いのではないでしょうか。とかく、国際競争力の点で、いくつかの課題があることだけに目が向きがちです。

しかし近年、アメリカはもちろん、香港やシンガポール、中国、韓国、インドネシア、イランといったアジア諸国や、ヨーロッパの国々からも、日本の教育が注目されています。私はこうした事実に、もっと誇りをもってよいのではないかと思うのです。

教師のメンタルヘルスの現状は……

文部科学省の最新の調査結果によると、病気休職のうち、精神疾患を理由とする休職者は、５、２７４人。平成13年度で２、５０３人だったことを考えると、10年もの間に２倍に跳ね上がっています。

精神疾患による休職教員の内訳を見ると、学校種別では中学校、職種別では教諭、助教諭、講師に多いと言われています。年代別では40代、50代以上に多い一方で、期限付任用教員など条件附採用期間後に精神疾患を理由として依願退職した者は、病気を理由とした依願退職者の９割にのぼります。また、精神疾患を理由とした離職教員は、病気を理由とした離職教員の約６割を占めます。

教師の「仕事や職業生活におけるストレス」は、一般企業の労働者よりも６ポイント以上高く、ストレスの内訳は、「仕事の量」と「仕事の質」が、一般企業の労働者より高いという結果です。

この10年の間、精神疾患に罹る教師は急増しており、病気休職後、職場に復帰したものの適応できず、離職に至る者も少なくありません。

＊

諸外国からは高く評価される日本の教育やそれを担う教師。反面、国内では、教師である自分に自信をもてず、心の病気に罹ってしまう教師の急増。こうしたギャップをどのように考えればよいのでしょうか。

本書では、学校教育や学校という職場に焦点を当て、今置かれている時代的状況や人間関係、そして日本の教育や教師であることの素晴らしさを再確認していきたいと思います。

教師である自分はどんな存在であるのか。どんな価値をもっているか。そして、何をがんばらなくてはならないのか。その上で、がんばらなくてもよいこと、がんばってはいけないことについても触れていきます。肩の力を抜くべきときに、肩肘を張ってしまい、心の病に罹っては、せっかくの教職がもったいないではありませんか。

本書が、教師へのあなたの思いをより素晴らしいものにするため、そしてあなたを元気にするための手がかりとなれば幸いです。どこからでも、あなたが必要とするところや、おもしろそうだと思うところから読んでみてください。

目次

第2章 同僚・上司と上手につき合う

第3章 親や子どもと上手につき合う

第4章 それでもうまくいかなくなったら…

第5章 本筋とはちょっと外れた学校という職場の話

第1章

教師という人々

教師の肖像

教師はいたってまじめです。その点は、世間でよく言われているとおりです。まず、金を儲けようと思って教師になる人はいません。そもそも儲かる職業ではありませんから。

人が嫌いで教師になるという人もいないでしょう。人の面倒を見るのが嫌いなのに、教師になろうという人もいません。教師を目指すくらいですから、相手を動かして一緒にやっていったり、相手の面倒を見たりしたいという欲求がある人と考えるほうが自然です。

勉強嫌いで教師になる人もあまりいないでしょう。子どものときは嫌いだったことはあるでしょうけれど、「勉強はやはり必要だ」と思ったとか、勉強することと、学ぶことに対して価値を見いだす人でなければ教師を目指したりしないと思います。

悪意があって教師になる人もいないでしょう。教師になった後に、いろいろな嫌な思いをして悪意をもつに至る人はいるかもしれませんが、基本的には善意でスタートするピュアな人たちです。

教師は、まじめだし、ストレートだし、正直だし、それほど表裏もないし、何よりいい人たちが多い。教師とは、そういう人たちの集まりです。だから教師は、世間の人から基本的に信頼されるべき存在だと思います。

父は私をエンジニアにさせようと思っていたようです。私がエンジニアとは別の方面の進学をしたら「心理学なんかやってどうするんだ」と言われました。しかし、大学を卒業するとき「教師になる」と言ったら、何も言いませんでした。どう考えたって、教師はそんなに悪い仕事じゃないでしょう？　本当のところは、すごく誇れる仕事なのです。

しかし、そのいいところは裏腹で、長所と短所は一致しています。「まじめである」とは、「頑固」で「融通が利かない」ことでもあるからです。正直さでは清濁併せ呑むことはできないわけだし、懐も狭いかもしれないし、視野も狭いかもしれないし、偏っているかもしれない。

職人気質であるとはそういうことです。だから、もうちょっと広い目で見ろと言ってもできないし、それはそのまま欠点になります。

でも、私は、そういうものとしての自分（＝教師）でいいと思っています。むしろ、融通の利かないこと、視野が偏っていることを単純に悪者扱いするほうがよろしくありません。もともと、そういう人たちの集まりなのですから。

これは教師としての自分を鑑みるときに、重要な視点だと思います。自分がどんな教師であるのかを価値判断するときに、よさを考えるのではなくて、悪いことばかりを挙げて、不安がる人は多いものです。しかし、そうではないのです。

教育現場の不思議なメカニズム

最初から自分をよく思える人は少ないと思います。私も3年目ぐらいのときにはずいぶん悩みました。1年目でとても悩んで、それからずっと悩んできて、「本当は向いてないかもな、教師」などと考えていました。

授業をうまく進めようとしてもちっとも力がつかないし、隣のクラスより成績も悪いし……。隣は字の綺麗なベテランの女性の先生でしたが、私は字も汚くて、黒板も適当に書いていて……。ちょっとみじめでした。

しかし、子どもたちの見方は、私たち教師とはちょっと違うようです。不思議なことに、教師としての洗練された指導よりも、教師の悪戦苦闘、一緒に苦労したことのほうをよく覚えていてくれたりします。

教師である私が「これがいい」と思ってスムーズにやったときよりも、ギクシャクして本当に苦しみながらやっているときのほうが、ずっと強い関心をもって見ている。むしろそちらの価値のほうが高いというくらいに。

同窓会でわかったのですが、私は国語の教師だったのに、英語の教師だと思い込んでいた子どもたちがいました。当時、国語の授業は自信をもって行っていましたが、英語は本当に悩んで悩んで、毎日「明日の授業、どうしよう」と泣きながらやっていたのに……。

子どもの見る目は全然違うんだなと感じます。おもしろいことや実験的なことは、子どもたちの目から見ると、「定番でやっていることとはまったく違うことに悩みながらチャレンジしている」という風に映っているのかもしれません。

子どもは、教師が一所懸命やっていることは否定しません。口では正反対のことを言ったり、知らん顔を決め込んでいるときにも、心の中では教師の一所懸命さを認めています。

定量的な評価は、外部の人事考課などでするのでしょうけれど、定性的な評価は外部ではやりようがありません。教師として自分がよかったと思うものより も、「失敗した」と思っていたことが、子どもたちからは良い印象として記憶される場合もあるのです。

教育は、(受けた当時はどうということもなくても)先々どのようにその影響が及ぶかわからないところがあります。

私たち教師は、教育活動を通じて子どもたちの「今」とかかわっています。しかし、その効果が表れるのは必ずしも「今」とは限らないからです。10年、20年という歳月を経て、実はすごくよかったことに気づいたりすることもあります。「良さ」というものの価値判断には、常に時間と空間に大きな隔たりがあります。何をもってよしとするのかは、決して一律には決まりません。

このことは、教育現場ならではの不思議なメカニズムだと思います。まったく良さを意識されない教師が、いちばん優れた教師だという話もあるわけです。つまり、子ども自身が全て自分の力で獲得したと思っていて、「先生からは何も教わってないや」と。そんな風に子どもが受けとめているのだとしたら、その子を受けもった教師は、最も最良の指導を行ったと言えるかもしれないのです。

先のことはわかりません。だからこそ、子どもたちの「今」と真剣につき合ってさえいれば、結果は自ずから生じます。「その子に合った、いい未来がきっとある」と信じて毎日の仕事に取り組んでいけばよいのです。

まじめさは自己評価とセットで

学習指導にしても生徒指導にしても、何かうまくいかないことがあったからといって、いちいち思い悩む必要はないのです。しかし、あれこれ悩まないということが教師は苦手です。根がまじめだからです。

根がまじめだから、子どもたちの「今」と真剣につき合えるわけですが、そのまじめさゆえに、自分の価値観がすべてであるかのように思ってしまいがちです。うまくいかなくなると、視野が狭くなって自分自身を追い詰めたりします。私の身近にも、目の前の結果（現状）ばかりに囚われて、辞めていった人が幾人もいます。

教師のまじめさがよい方向に向かうためには、それとセットで自分自身をしっかり自己評価できることが大切です。

自己評価とは、自分に点数をつけることではありません。教師としての自分がどんな存在であるのか、どのような影響力を周囲に与えるのかを（良い面も悪い面も併せて）様々な観点から客観的に位置付けることです。

こうした自己評価がしっかりできていないと、目先の結果や周囲の声に囚われて、たとえば「自分は生徒指導はだめだから、だめな教師なんだ」などと思い込んで自信を失ってしまいます。

自信を失うと、せっかく教師としての素晴らしい資質が自分には備わっているのに気づかないし、自分のいい面を誰かが指摘してくれても、それを信じることができなくなってしまいます。実は、子どもからは高く評価されているかもしれないのにです。

自己評価が高くないと、自分のモチベーションもあがりません。

教師のモチベーションの源泉

教師である自分がどんなときにモチベーションが上がるかというと、自分が教師として口にしたことで「子どもが元気になった」とか、「やる気になった」とかがわかるときです。子どもががんばって成果を収めたり、昨年よりいい成績が出た。そんなときに「よっしゃ！」となります。逆に、元気がなくなった、やる気を失ったと感じたときは、ぎゅんとモチベーションが下がります。

私はかつて「それでも先生かよ」と言われたことがありました。これにはモチベーションが下がりましたね。よかれと思ってやったことが裏目に出ちゃって、すっかり肩を落としてしまったことがあります。

一方、モチベーションは、うまくいったとか、いかなかったという結果とは異なる側面から上下することもあります。結果がよくてもモチベーションが落ちる場合があるのです。

教師になって最初のころは、何ごとも覚えるのに手一杯。一つ一つ結果がついてくることでモチベーションが上がっていきます。その後、仕事をひと通り覚えて、先を見通せるようになってくると、日々の仕事がルーティンとなってしまい、子どもたちの反応がよくても、逆にモチベーションがちっともあがらない、という場合もあるのです。

昔、モチベーションが下がりっぱなしの時期がありました。仕事はすっかり覚えて、ある程度自分の思いどおりの授業を行うことができるようになっていたのですが、どうにもモチベーションが上がらない。行き詰まってしまってちっともおもしろくない。授業をやっていても、やっているという感触もないし、「こんなことをやっていていいのかな」と迷いが生じた時期です。

そこで、私は教育大の大学院に行きました。教授方法について学ぶためです。授業では、教師主導型ではなくて、なるべく子どもたちが主体的に取り組めるほうがいいと考えてはいましたが、実はちっとも主体的に取り組ませていなかったことに気づきました。

教師が教え込めば教え込むほど、子どもの学ぶ意欲は下がってしまう。教育のアイロニーと言えるかもしれません。そこで、なるべく教えない、自分たちでやらせる、獲得させることが、子どものモチベーションを上げるのではないかということがわかってきたのです。

子どものモチベーションが上がる要因の一つは、大人と同じように、何か成果が出たときです。子どもたちの得た成果とは、「部活で勝った」「成績が上がった」そして「クラスがよくなった」「いい雰囲気になった」「笑顔が多くなった」ということです。子どものモチベーションが上がってくると、教師である自分も元気になります。

不思議なもので、教師としての自分のモチベーションが上がらなくて大学院へ行き、子どものモチベーションの上がる教授法を模索していったら、結果的に自分のモチベーションが上がっていったのです。

それなりの成果も出ているのに、モチベーションが上がらないときには、今やっていることと違うことをやらなければだめなんだとそのとき感じました。新しいことにチャレンジしはじめると、また別のモチベーションが上がってきます。

子どもが教師である自分についてきてさえくれれば、上司・同僚からとやかく言われても、どうでもよく思えるものです。これも、教師のおもしろいところかもしれません。

もともと、お金儲けがしたくて教師になったのではありません。ちょっといい評価が出たとかお金が増えたからって、あまり嬉しくはありません。牧歌的かもしれませんが、子どもたちの目が輝くとか、子どもたちがいい表情をするとか、そういう数値化できない部分がかけがえのない喜びにつながります。

以前、連合陸上競技大会で、女子が地区の8位となったことがあります。子どもたちも、教師もみんな、もう大喜び。しかし、よくよく考えてみると、8位ってそんなに喜ぶほどの成績ではなかったのです。前の年がビリだったものだから、「すごい、ちょっと信じられない」みたいな感じになっちゃっただけなのです。

実はその年、男子は5位でした。にもかかわらず、女子が8位になったことのほうをえらく喜んだ。男子も女子も思わず歓声を上げたという不思議な現象です。教育の現場って、結局そんなものなんじゃないかと思います。

教師としての自己有用感──教師の仕事に雑務はない

教師にとって主たる仕事は何かと問われたら、みな授業と答えるでしょう。授業とは直接関係ない作業は雑務という言い方をします。

しかし、本当は雑務などないのです。すべての仕事は、それぞれに意味や価値をもっています。誰かがやらなければ、結局は仕事全般が滞ってしまうわけですから、そもそも雑務であるわけがない。

例えば、本校は赤い羽根共同募金で今度表彰してもらえるそうです。以前の職場では、10年間募金活動を行っていました。街頭募金で隣の私立学校が10万円ぐらい集めて、本校は8万円集めました。

この活動を誰がやっているかというと、教師ではありません。子どもたちが街頭に立ち、がんばって声を張り上げて募金を募っているのです。教師はそのサポート役です。当然、平素の授業とは異なる教育活動です。お互いがそれぞれの役割をこなしている。このような仕事を雑務だと考える教師はいないでしょう。

仕事の価値は、自分の置かれた立場によって変化するものではありません。教師の仕事が偉くて、子どもたちの活動が偉くないなどということはないのです。

民間企業であれば、仕事の価値を決定するのは、上司と自分自身です。上司と自分自身とでは価値意識にギャップが生じます。そのとき、自分よりも上司のほうが価値を見出してくれれば、自然と自己有用感が高まるし、逆ならば下降してしまうでしょう。

しかし、教師の場合には、利益を追求しているわけではありません。子どもを育てること自体を目標としているのです。ですから、みんなで力を合わせて1つのことにがんばれてさえいれたら、誰かに特別の褒め言葉を言われなくても、（一般には雑務だと言われているような作業であっても）自然と自己有用感は生まれてくるものだと思います。

教師は忙しい？

いい管理職に当たれば、単に仕事だけを割り振られるのではなくて、その仕事のもつ価値みたいなものを一緒に提案してくれるのだと思います。それが得られなかったときは、どんなに有用な仕事をしていても「私、どうかしら？」みたいなこともあるでしょう。

教師は忙しいとよく言いますが、その忙しさは、果たして仕事量なのか、多忙感の「感」なのか。仕事を通じて不平・不満や自信喪失を抱えるというのは、人間性とは直接関係なくて、「私の仕事は評価されているのかな？」という疑問が、明解な答えがないまま降り積もっていくことに原因があるのではないでしょうか。

仕事の内容に目を向ければ、役が1人の教師に集中しすぎてしまっている場合もあるし、分掌はきれいに割り振られているけれど、責任の所在が明らかでないために、お互いに何となく押しつけ合ってしまったり……。こうしたことを組織論としてではなく、精神的にどう切り抜ければいいかが問題です。

将棋に喩えると、「歩だって成れば金になる」ということを信じることだと思います。「成金」というと、世間では品のない新参のお金持ち、というイメージがありますが、もともとの意味はそういうことです。

人間は、蓄積された様々な経験が、ある時期に突然スパークするときがあります。いわゆる「化ける」というものです。組織や管理職が有用感を与えてくれるならいいけれど、そうでなければ自分自身が自分に有用感を与えるしかありません。

では、どうすればよいか。他の帰属集団を増やすか、今いる職場とは異なる集団に移るかです。学校だけが世界ではありません。たとえば、研究会に入るとか、どこか自分を認めてくれる他の集団に潜り込むという方法もあります。

時に必要なギャンブル的な考え方も……

一口に帰属集団を変えるといっても、そう簡単にできることではないかもしれません。「今の環境よりもっと厳しいことになったらどうしよう」と。

心の痛みであれ、肉体的な傷の痛みであれ、痛みそのものは案外我慢できるものです。しかし、「またひどいことが繰り返されたら？」「もっとひどい目に遭ったら？」と、想像する痛みに人は耐えられません。

今いる帰属集団からのお引っ越しを、必要以上に怖れてしまうことの根本に、自分の生きていけるルートは1つだと思い込んでしまっていることがあると思います。

みんなと離れてしまわずに（独りぼっちにならずに）済むためには、このルートしかないと思い込んでいるから、とても生きにくくなってしまう。

しかし、言うまでもなくルートは1つではありません。裏の道に行くことで、見ることのできる花もあるわけです。株式投資の世界には「人の行く裏に道あり花の山」という相場格言があります。自分で道をつくっていく箇所もあるだろうし、そうやって歩いていくうちに、自分が求めているもの自体が変わっていくこともあるし、夢だってけっこうあります。山の登り方は一つではないわけです。

　生活が変われば夢が変わります。その夢に向かってがんばっていたら生活もまた変わっていく。人生にはそのような双方向性があるのです。

　しかしそうは言っても、「君、君、そのルートがダメなら他のルートを行ってみたらいいじゃないか？　想像の翼を広げれば、世の中にはこんな道もあるよ。チャレンジ精神でがんばれ！」と他人からアドバイスを受けたとしたらどうでしょう？

　否定できる意見ではないから「それはそうだけどな」と思いながらも、自分が否定されたみたいだし、説教がましくもあるし、素直に聞いて急に怖い気持ちが変わるものでもないし……。

　よくチャレンジと言われますが、言わばギャンブルのようなものです。だから怖い。でも、わくわくするものでもあると私は思います。

　教師の世界では、ギャンブルは嫌われます（女性は特に嫌います）。しかし、大昔の男性は長い間ギャンブル的な生活を送ってきました。

「今日は肉を取りに行ってくるぞ！」と言って出かけていっても、行き先に肉がいるかどうかわからない。いたはいいけれど、とても獰猛な肉だったりすると、自分が食べられたりします。で、見事肉をゲットできたらどうでしょう？この喜びは代え難いものです。

伸《の》るか反るか。スリルとサスペンスです。ギャンブルには喜怒哀楽がギュッと詰まっている。

知らない草原に出ていったり、何が起こるかわからない。怖いのは当たり前です。だからこそ、ワクワク感があるのです。怖さとワクワク感は表裏一体だから。

ジェットコースターだってそう。絶対に安心・安全で、危険がなく、体感的にも恐怖を味わわずに済むよう安全運転されていたら、誰も乗ろうとは思わないですよね。

「不適格教員」という名のレッテルは？

かつての後輩で、子どものことを深く理解していた音楽の先生がいました。子どもの言うことなんてぜんぜん聞いていない風なのに、もっている情報がものすごく濃厚でした。

時々飲みに行っては、いろいろなことを教えてもらい、私にとっては貴重な情報源でした。「この先生がいるから、おれはいろいろなことがわかるし、子どものことも知ることができるな」と何度思ったかしれません。

しかし、その方はいつしか鬱病になって、教師を辞めてしまいました。私にとっては素晴らしい教師でしたが、他から見れば生活指導ができないとか、不適格教員であるかのような悪評がついて回ったようです。

私は、ときには不適格教員って何なのだろうと思います。昔ならいざしらず、子どもたちの教育活動は、教師個人のマンパワーだけでやっていけるものじゃないだろうって。一人で何でもできる教師などいないし、（仮にいたとしても）今はチームでやっているのですから。

ある面で不適格に見える教師がいたとしても、違う面から見たら優秀な教師かもしれません。もし善し悪しをつけるのであれば、チームの一員として貢献しているかどうかが問われるべきではないでしょうか。

子どもの受けとめ方は千差万別

前にも書きましたが、ある時期、私は自分の授業がつまらなくなってしまったことがあります。子どもの様子が見えちゃったといいますか。「私につき合って静かにしてくれているでしょ？」と感じるようになったのです。そうすると、「本当にこの授業、おもしろいの？」と子どもと自分自身に問いたくなってしまう。実際、そのときには自分の授業に私自身が満足していませんでした。

しかし、そうしたころの私の授業を「わかりやすかった」と評価してくれた子どももいたのです。どのような授業がよくて、逆に悪いかということは、子どもにとっても千差万別。万人にオーケーな授業などないのだとつくづく思ったのです。

私の息子が「お父さんみたいな国語の授業を僕は受けたくない。こんなの毎日やらされるのは嫌だ」と言うので、「どんな授業ならいいんだ？」と聞いたら、「今の先生は、『あれやれ、これやれ』とは言わずにのほほんと授業している。そんなときに、ボーッと先生の話を聞いているのが好きなんだ」と答えました。

「それで学んでると言えるのか」と言い返したくなりましたが言えませんでした。それでもまぁまぁ成績がよかったから、「いいのかな」と思ったりして。不思議なものです。「その子によるんだな」というほかありません。

スランプへの対応法

スランプに陥ったときは、野球選手と同じで、二通りしかありません。歯を食いしばってそのままやり続けるか、休むかです。

このとき、どちらか一方の善し悪しを考えても、あまりよい結果は得られません。どっちも大事な考え方だからです。両方をうまく考えながら、今回は続けてみよう、今回は休んじゃおうと切り替えていくことです。歯を食いしばってやり続けることで、いつかブレークスルーすることがありますが、心の病を患ってしまうかもしれないのです。

反骨精神でがんばれるのであればよいかもしれませんが、そういう風になれないときだってあります。そのようなときは、身の内にじっと籠もるのもいいだろうと思います。自分の抱えている様々な問題をいったん棚上げにして、心と体を休ませる。自分を守る方法は一つでなくてもよいのです。

他の人からは、自分が教師としてすごくいいものをもっていると思ってもらっていても、自分ではそう思えないのであれば、仕方がありません。自分自身が価値があると思うことを実現していかないと、自己評価は上がらないからです。

自分がスランプのときも、余力があれば、人の授業をいっぱい見ることも一案です。「自分といったいどこか違うんだろうな」って考えてみるのです。

人の授業を見たからといって、その人と同じ授業ができるわけではありません。しかし、他人の授業のいいところや、ちょっとしたスキルはいただくことができるでしょう？　それを試しに自分の授業でもやってみるのでいいのです。

このような実験的な試行錯誤を積極的にやってみることが大事だと思います。ただただネガティブに思い悩んでいるばかりでは、現実は何も変わらなくて、余計に落ち込んでしまいます。

「溺れる者は藁をも掴む」じゃないですが、溺れているうちに泳げるようになることだってあります。いろいろ試して、うまくいったりうまくいかなかったりを繰り返しているうちに、次第に力量がついてくるし、そうなれば自分への評価もそれなりに高まっていくものです。

万策は尽きない!

何回か失敗が続くと、人は「何をやってもうまくいかない」と口にするようになります。私もつい言っちゃうことがあります。

しかし、「あなたは、本当にあらゆる手段を講じてもうまくいかなかったの?」と問われると苦笑いしてしまうでしょう。せいぜい2策か3策くらいしか答えられないでしょうから。「万策尽きた」とよく言いますが、「本当に万策をやってみたの?　万もの策って尽きるものなの?　万だよ、万!」と考えると、自分でもつい笑ってしまいます。

戸建住宅メーカーの業界にいた知人から聞いた話です。飛び込み営業100軒で商談に入れるお宅が1軒、そうしたお宅が10軒あれば、そのうちの1軒は契約までもっていけるということでした。ということは、1000軒飛び込みをすれば1軒は契約できるわけです。

万策は決して尽きません。「何をやってもうまくいかない」と思ったときは、実際にそうなのではなく、おそらく心情的なもので、今ある悪い状況がずっと続いてしまうんじゃないかと思い込んでいるわけです。

そうしたときには、今まで自分のしたこと、そのことですごく嬉しかったこと、よかったことを全部書き出してみるというのも一案です。

たとえば、「今自分のいる場所がとても幸せだ」「素晴らしい」と思うことが何かしらあるはずです。「これはありがたいな」「嬉しいな」と思うことをたくさん書いてみるのです。たいてい10個ぐらいで尽きてしまうけれど、そこで立ち止まらずにいっぱい考えてどんどん書いてみる。

そうすると、人間って不思議なもので、よかったこと、嬉しかったこと、感動したことなど、自分の行ってきたポジティブなことをいっぱい書き出しているうちに、何となく嬉しい気持ちになってきます。

「あのときはこんなことができた」「子どもたちがとても嬉しそうだった」などなど。すると、自然に元気が出てきたりします。いつの間にか「何をやってもうまくいかない」という気持ちが、自分の中からすーっと霧散している自分に気づくはずです。

また、「ありがとう」という項目をたくさん書き出すことでも同様の効果が得られます。

人に対して抱くイメージ

人は常に一定のバリアに包まれています。性別、年齢、肩書き、風貌、ものの見方・考え方に応じて生まれるバリアです。

そうしたバリアは、人の印象を決定づける要素ですし、他に対して大きな影響力を及ぼすものと思われがちです。しかし、人が感じるほど実はたいしたものではありません。ただ「そう見える」というだけのことです。

このバリアの質と量は、不変ではありません。たとえば、「肩書き」一つ変わっただけでも変容することがあります。

私の古くからの知人で、以前重要な役職に就いていた方がいます。先日訳あってお会いしたところ、とてもびっくりしました。なんと言いますか……イメージが違ってしまっていたのです。

以前は、近寄りがたいくらいの畏れを抱かせるような雰囲気がありました。それが、しばらくぶりに会ってみると、ものすごく物腰やわらかな好好爺になっていたのです。

話を聞くと、その役職からは退いたとのこと。「なるほど」と思いましたね。彼が以前身にまとっていたバリアは、その役職が生み出していたものだったのです。

今でも、他の要職に就いているのですが、前職時代の「近寄りがたさ」は、綺麗さっぱりなくなっていました。彼が身にまとっていたものは、役職が必要としていた建前的な（人工的な）偉さであったわけです。

こうしたことは、世の中でよくあることの一つです。逆に言えば、いろんなタイプのバリアみたいなものを状況に応じて着たり脱いだりできるとしたら、それは素晴らしいと思います。

その一つが、見た目です。といっても、容姿端麗という意味ではありません。周囲の人が抱くその人へのイメージという意味での「見た目」です。私も少しの間校長職を務めてきましたが、校長然とした風貌といったものは、少なくとも私の場合にはハッタリです。

私自身としては、やわらかい人と見られたいのです。たとえば、端からは怖そうに見えても、実際に話をしてみると気さくであると思ってもらえれば。そうしたことで、好感度が上がったりします。ドンと構えていながらも偉そうではなく、自分の話に耳を傾けてくれる。そうしたいい形でのギャップがあると、人は心を開いてくれるものです。

どんなに偉そうにモノを言っている人でも、言うほどたいしたものではありません。むしろ、ときには、たいしたことがないことを言ったり、ときに、ぼけっとしていたり、そうした人間臭さが周囲に安心感をもたらしたりします。

逆に、あまりに完璧な人は、周囲からの尊敬を集めますが、友達になろうとはまず思ってもらえません。畏れ多いというか、周囲に壁を感じさせてしまうからでしょう。

立派な人より、フレンドリーな人になりたいものだと思っています。

教師の世界のジェネレーションギャップ

教師の世界では、世間で言うほどのジェネレーションギャップはありません。なぜかと言えば、教師というのは、本質的に似たような人間性をもった人の集まりだからです。教師間ではギャップを感じることがあるかもしれませんが、学校の外側にいる人から見たら、みな似たり寄ったりです。

あえて言えば、世代（ジェネレーション）というよりも、自分の置かれた立場によってギャップは生じます。若い人は校長の気持ちも立場もポジションもわかりません。当たり前の話です。理解しろというほうが無理です。

「先生、先生と威張るな、先生！　先生だって生徒のなれの果て」と言ったりしますね。このことは「校長、校長、威張るな、校長！　校長だって先生のなれの果て」と言い換えることができます。それでも、教師として向かうべきベクトルにはそれほど違いがないから、ギャップに見えるようなものでも深刻になるようなことはあまりないようです。

教師職人論――器用な人は、教師に向かない

教師は子どもを教育する職人です。一つのことをずっとやり続けて、がんばり続けて何十年か経ってようやく一人前と認められる世界です。

『法隆寺を支えた木』（ＮＨＫブックス）で有名な西岡常一という棟梁に仕えた宮大工がいます。小川三夫という人で、鵤《いかるが》工舎をつくり、60歳そこそこで引退してしまったけれど、その人がどのような人を大工として採用するのかの基準について次のように語っています。

「器用な人は採用しません。別に大工の仕事ではなくても、それなりにうまくやれてしまうからです。しかし、不器用な人は、器用な人と違っていろんなことができません。他にできることがないので、長い歳月をかけて1つのことをやり続けることに耐えられるのです」と。

教師も同じです。はっきり言って、器用な人は、教師には向きません。

これが困ったことなのですが、器用な人に限って教員採用試験を突破してくるのです。不器用な人ほど、なかなか試験に受かってくれません。しかし、どれだ

け点数をとれても、器用なだけでは、教師としてまったく役に立ちません。

さらに、職人としての教師を考えた場合、私はさらにつけ加えてこう思います。「あまりに頭のいい人も教師に向かない」のではと。

テストの成績一つにしても、頭のいい人は、所詮点数の低い人のことが理解できません。「何でおまえは、わからないんだ」となります。嫌みではなくて、本当にわからないのです。

子どもができないでいる場面で、「なぜ？」を想像できなければ、教師として指導も助言もできません。

かつては勉強ができなかった、苦手だったというのは、教師の資質としてけっしてマイナスではありません。そのようにできなかった経験があるからこそ、できるようになった自分がいるのです。教える立場になって、子どもたちの前に立ったとき、そうした経験が本当に役に立つのです。

もうずいぶん前に教職を引退された年配の方で、「自分は、戦後のどさくさで潜り込んじゃったよ」などとおっしゃっていた人がいました。かつて「なんちゃって教師」という言葉があったけれど、私などもまさにそうかもしれません。

本当は別のことをやりたかったなという気持ちもあるけど、「まあ、いいかな」

と。そういうタイプなのです。そんなに優秀じゃなかっただろうし、他のところも落ちたりしているから、「まあ、しょうがない、教師でもやるか」といった案配。でも、だからこそわかることもあるのです。

教師の資質として欠かせない好き嫌い

自分の好き嫌いについては、よく理解しておく必要があると思います。教科担任制である中学校や高校に関して言えば、自分の受けもつ教科を好きになれない人は、当然その教科の教員になるのはやめたほうがいいと思います。

実は、私の身近にも実際にいました。国語の教師なのに読書が嫌いだとか……。笑えない笑い話です。他にも、英語の教師なのに外国人と話すのが嫌いだと公言して憚《はばか》らない人もいました。そうした人は、教職を選ばないほうがよいと思います。

さすがに、子どもが嫌いなのに教師を目指す人はいないと思います。しかし、子どもが好きだというだけではだめで、受けもつ教科が好きであることも、教師として欠かせない資質だと思います。

昔、先輩で古典が大好きな先生がいました。で、その先生は、授業で黒板に漢詩を書いては、自分で読みながら「あぁ、いいねぇ」と惚れ惚れとつぶやくわけです。子どもにしてみたら何がどういいのかさっぱりわからない。でも、「先生がいいって言っているから、たぶんまぁいいんだろう」と何となく納得して聞いている。こうした感性って、子どもに何かを確実に伝えます。

逆に、「こんなもの、たいして価値はないけど」と教えている教師がいたらどうでしょう？　価値があると思っているから教えているのであって、自分が教えていることを自分で「いいなぁ」と思えないなら子どもに伝えるものはありません。

「いいなぁ」ということが本当の意味で子どもに伝わるには、実際とても長い歳月を必要とします。10年、20年経って「あの先生の言っていた『いいなぁ』はこういうことだったのか」とわかる瞬間が不意に訪れる。まさに、決して数値化できない教育の醍醐味であり、それは教師冥利というものです。

優秀な人間と優秀な指導者

優秀な人間は、自分が主体的に何かを実行します。一方、優秀な指導者は、自分以外の誰かが主体的になり、何かをやれるようにする、あるいはその方向に向けていくものです。そのような意味で指導者は根本的に行為者とは違います。

職人は技巧を常に磨き上げていくことが大事で、より上のものを、より優れたものを目指し続けます。教師も同じです。自分自身を高めていくとか、学ぶことに対して貪欲でないと、いい教師にはなれません。そして、それは人を育てるという点において必要なのです。

何がどれだけできるようになったのかは結果としてついてくるもので、何より大事なことは「学び続ける」ということです。学び続けてさえいれば、どんな人でもある程度のことが必ずできるようになります。その姿勢が人を育てます。

逆に、器用な人は、十数年かけて身につけることを5年やそこらでできちゃったりします。そうすると、それ以上学ぼうとしないから、実はあまりものになりません。つまり、その程度しか人を育てられないのです。

優秀な職人は、年を取ってもどんどん学びます。役者もそうだけれど、より新しい芸を追究する。そういう人は常に学びの姿勢があるわけで、そうでなければ務まらない。それは教師も同じです。そういう人がよりよい人を育てます。

ただ、教師にはそうした職人的側面に加えて、学者的側面も求められるように思います。二足のわらじではないですが、教育と研究双方の側面が大事だと。

昔、先輩の教師に言われましたが、なるほどと思います。その方は、教授法に優れているだけでなく、学者としてもたいへん優秀でした。

苦手なことを克服しても、アベレージは高まらない

教職生活を通じて、教授法、生徒指導など、自分の中にいろいろな指導力の山が生まれます。しかし、教師になって間もないころ、何も身についてはいません。ほぼフラットな状況です（図1）。その後、いろいろな経験を経て、ある部分は上昇し、ある部分は低位のままだったり、人によって個性的な複数の山ができあがっていきます（図2）。

そのとき、「なんだい、ここは。全然伸びてないじゃないか！」と低位のままの谷の部分に着目するのか、それとも盛り上がった山の部分に着目するのかによって、能力の伸長の仕方がガラッと変わってきます。

まず、前者であれば、嫌いなこと、不得意なことをしなければならないので楽しくないし辛い。それでもなんとかがんばり続ければ、やがて水位が押し上がって、いずれ谷がなくなってきます。最終的には一番高かった山の頂点に合わせてフラットな山ができあがります（図３）。

図１

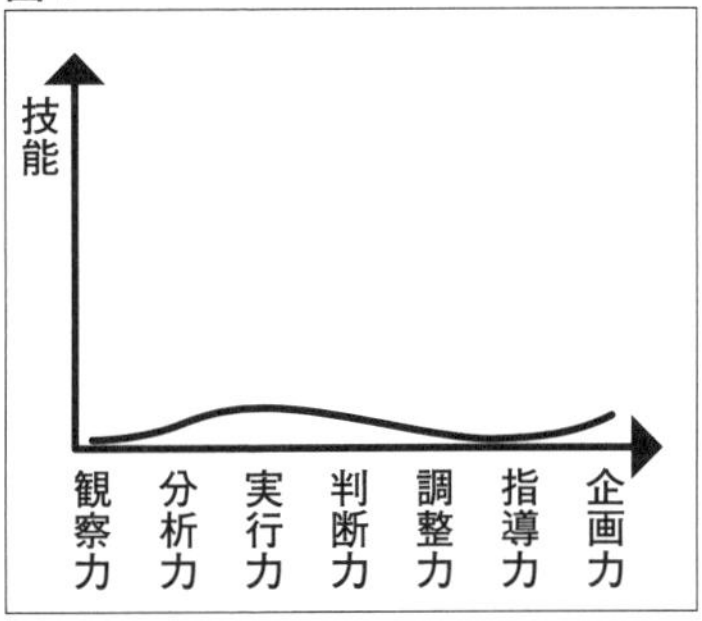

図２

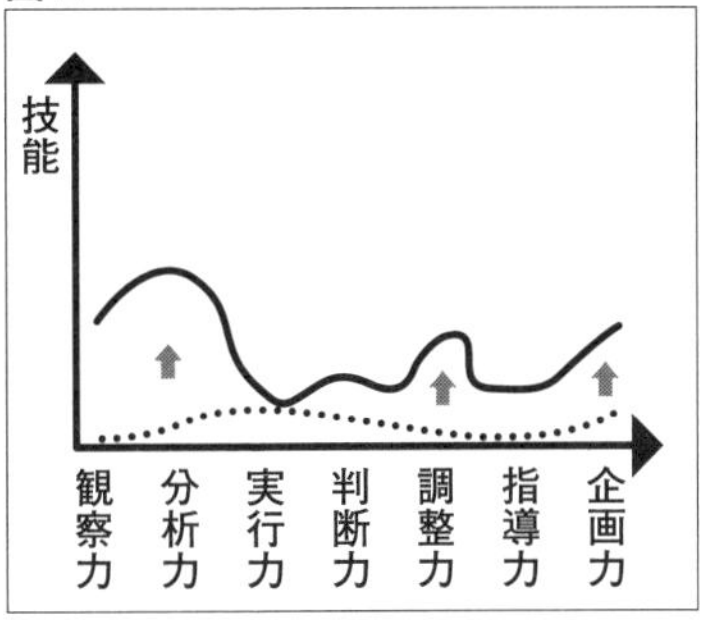

一方、後者、すなわち山の部分に着目するなら、好きなこと、得意なことをより伸ばそうということになります。だから楽しい。しかも楽しいだけでなく、もともと高かった山をより高くしていく

図3

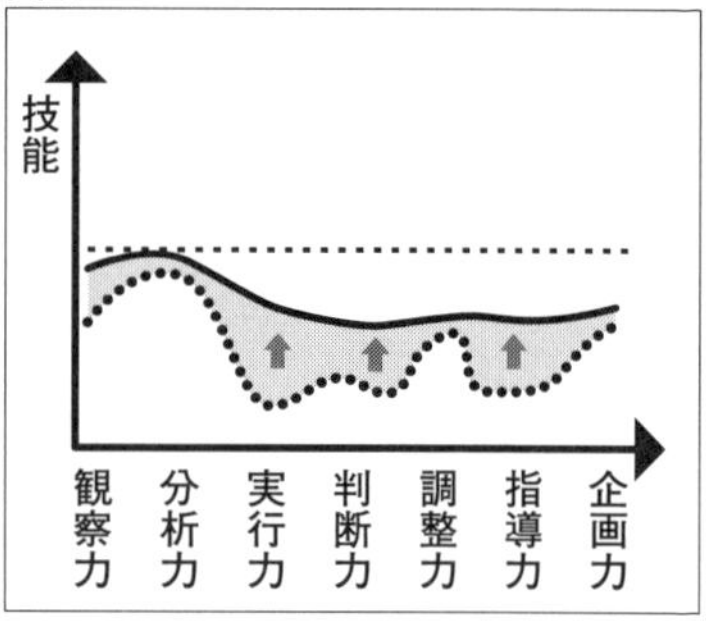

図4

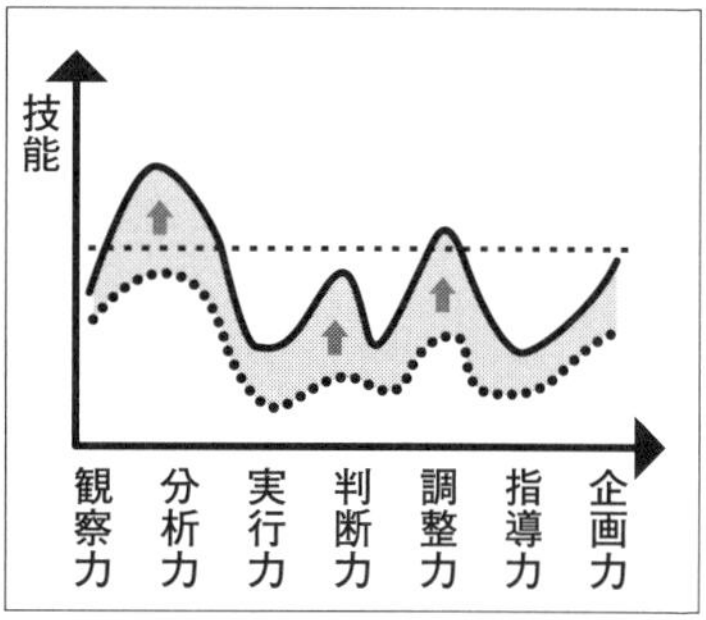

ことになり、自然に裾野が広がってきます。つまり、谷の水位は少ししか上がらなくても、全体が上方に引っぱり上げられる形状になります（図4）。

ここで図3と図4を比較してみましょう。不思議な結果になっていることに気づきませんか？　直感的には、苦手な部分を克服して全体の水位を押し上げた図3のほうが平均点が高くなるような気がするのに、実際には図4のほうが平均点が高くなるのです。

教師の一般的なとらえとしては、「良いところだけをどれだけ伸ばしても、だめなところはずっとだめなままじゃないですか？　おかしい」と、言い返されそうです。しかし、実際は違うのです。

このレトリックの正体は、裾野にあります。裾野はけっして高い山の頂点を超えることはできません。ですから、一番高い山に合わせて谷を押し上げるよりも、一番高い山をより一層高くしたほうが逆に裾野は広がるのです。

裾野とは、すなわち苦手分野の克服を意味します。自分の得意なことを一つ見つけて、それにこだわって10年と20年とがんばってやれば、やがて一流のものになるでしょう。その過程で、結果的に苦手分野が克服されていくわけです。

図4で言えば、「分析力」が押し上がれば、それにともなって「実行力」がついてくるでしょうし、そして「調整力」が押し上がれば、「指導力」がついてくるのは自然なことです。苦手なものよりも得意なものを伸ばしたほうが平均点が上がるとはそういうことです。

人間誰しも、何かしらの劣等感をもっているものです。そのときに「自分の好きなことが1つくらいはあるでしょう？　何でもいいよ。それを徹底的にやったらどう？」という考え方が大事だと思います。

そうやって身につけた自信は、自己有用感や肯定感につながります。自己評価を高めます。好きなこと、得意なことのレベルがどんどん上がっていくわけですから、自己有用感や肯定感につながらないわけがありません。次のエネルギーになるし、いいサイクルを生み出すのです。

これは、実は教師だけでなく、子どもにも言えることなのです。つまり、人間全体に言えることです。

最後はやっぱりカメが勝つ

嫌なこと、苦手なことを克服するためには、複数の課題に同時並行で取り組まなければなりません。先ほどの図で言えば、谷の部分が同時並行に上がっていけば、それなりに裾野も広がります。しかし、どれも同時並行的なので、いつまで経っても大きな山ができません。エネルギーがみんな分散してしまうからです。

それよりも1つの技だけを徹底して磨くほうがエネルギーを集中させられます。たとえ時間がかかったとしても、大きな山を築くことができるのです。なんでもできてしまうような器用な人はこうはいきません。

不思議なもので、能力がある、いろいろなことができるから、自分のポテンシャルを発揮できるかというと、長い人生では意外とそうではないようなのです。何でもできちゃう人は、既に身につけたこと以上の努力をしたがりません。

つまり、定位安全（低位安定とまでは言いませんが）になりがちです。

中国武術の世界には、「千招を知るをおそれず、一招に熟するをおそれよ」という格言があります。「招」というのは「技」という意味。極意（根本原理）をつかむためには、1つの技に習熟しなさいということです。こうした考え方は古今東西あるようで、技法のコレクターのようになってしまうと、結局本質を理解することができず、大成しないということなのでしょう。「器用貧乏」ということです。

もし、人生を1本の長いコースにたとえて競争するならば、必ずカメが勝つという考え方ができます。それは、カメがもともともっている能力がウサギを超えているからではなく、カメの能力は更新（アップデート）されるからという考え方です。

先の宮大工の話で言えば、器用なウサギは教わったものはすぐに身につけるけれども、その先に行けない。しかし、不器用なカメは、長い目で見るとウサギが到達したよりも先にいけるということなのです。

なぜかといえば、それはカメが不器用だからです。一度にたくさんのことを覚えられないし、教わったことも、すぐに覚えられず何度も失敗を繰り返しながらようやく覚えます。この失敗経験の積み重ねが、実は師匠から教わったことよりも先に進めるためのキーポイントなのです。

更新（アップデート）するためには、問題点、すなわち既存の方法の欠点をよくわかっていなければなりません。そして、習熟するためには、失敗経験が欠かせません。失敗経験は、そのまま問題意識となり、課題探究のための材料となります。

ウサギはどうかといえば、要領よく身につけられるので、カメに比べれば圧倒的に失敗経験が少ないのです。そのため、逆に師匠を超える材料に乏しく、自分の技量を更新（アップデート）することができません。

人は、何かを新しく身につけるときはまねからはじめます。しかし、人のまねをするだけではいつまで経っても次に進めず、大成できないのです。

本当に大事なものは目に見えない

もとより、相手を陥れようと思って、仕事をしている教師はいません。世間は、特にマスコミは、私たち教師を世間知らずとか無能力とか揶揄するけれど、私たち教師は本来能力のある善良な人間です。子どもに対してであれ、保護者に対してであれ、地域の人たちに対してであれ、相手をよくするために尽くし、仕事をしているのです。

よかれと思ったけれど、結果的には悪くなってしまったという苦い経験は、教師であれば誰にでもあります。中には、どうやってもどうにもならない、そんなことだってあるのです。

前にも書きましたが、いちばん偉い教師ってどんな教師でしょう。それは、教え子が社会人になって子ども時代を振り返ったとき、「先生なんか関係ない。すべて自分の力で道を切り拓いてきたんだ。なんて自分はすごいんだろう」そんな風に思える子どもを教育した教師なのです。同窓会で、教え子から「先生のお陰で……」なんて言われたら、本当はぜんぜんダメ。教師としてはまだまだだということだと思います。

本当にすごい教師の教えは、何十年もの長い歳月を経て、不意に立ち現れるもののような気がします。教え子が成長し、就職し、結婚し、子どもを育て、老い、人生を振り返る年になって、ふと「あれ？」という瞬間が訪れる。そんなことが理想です。

雨の上がった夏の青空、入道雲、路地裏の落書き、スクランブル交差点の人いきれ、夕げの支度をする古女房の後ろ姿……、そんないつも見慣れているはずの風景が、いつもと違って見えるときがある。そんなとき、不意に結びつくのかもしれません。自分の歩んできた人生と、かつて指導してくれたあの先生の教えがそのときに。

「ひょっとして、あの先生が教えてくれたことって、こういうことなのかな……」

今まで意識したこともなかったし、思い出したこともなくて、すっかり忘れていたはずの先生の顔と言葉が突然鮮明に蘇ったりする。

「本当に大事なものは目に見えない」。サン＝テグジュペリの『星の王子さま』のセリフです。いちばん偉い教師は、自分が偉くなっちゃいけなくて、子ども自身を偉くしてくれる教師なのです。教師は見え隠れする黒子なのですから。

いろんなやり方があっていい

先の図を思い返してもらいたいのですが、自分の中に山をもっているというのは、それだけで自信になったり、自己肯定感につながります。

最初のうちは、みんな小さな山だけれど、どれか１つでも「これだ！」というものがあれば、力を傾注していくことで、どんどん大きな山にしていくことができます。しかし、山頂の形を平坦にしようとすると（弱点の克服ばかりに目を奪われると）、決して大きな山は生まれないでしょう。なにも１つに絞らずに２つでもいいのですが、幾つもの山に同時に力を入れようと欲張ってはいけません。エネルギーが分散するからです。

どの山かを１つ決めれば、後はどういう道を進むべきかは自ずと絞られてくるのです。

どのような道を進んでもかまいません。あえて、いちばん苦しい道を選んでもいいし、いろいろな道筋があっていいと思います。

どのような道筋で進むにしても、実際のところ大して変わりはないと思います。目標が決まっていれば、どうせ行く道は何十通りもあるわけですから。しかし、変にこだわって山に登ると、崖から落ちて怪我をした挙げ句、登れないようになってしまうかもしれませんので要注意です。

みんながたどったとおりの道を安全に行くのもいいかもしれませんが、道は自分がつくるんだと、道なき道を踏み越えて行ったっておもしろいかもしれません。ロープウェイを使って楽をしちゃってもいいかもしれませんし、ストイックに自分を追い詰める道でもいいのです。

山に登るという目標は定まっているわけですから、どこの道がいいかなんてあまり考えなくてもいいと思います。そこに力をかけない、悩まないことです。ただ自分の選んだ道を進めばいいのです。

できれば、おおらかでありたい

以前は、職員室でも（けっこう深刻な問題であったとしても）「いやあ、困っちゃったなあ」と言い合えるおおらかさがあったように思います。

今でも、問題行動の多い困難校などでは、そのような雰囲気があるようです。教師同士わりと仲がいいし、腹を割って話せる。みんなつらい思いをしているからお互いの気持ちに共感できるわけです。

昔、勤務していた学校では、ひどさ自慢みたいな話がありました。

「うちの子ども、今日紙に火をつけて遊んでたんだよ！」

「えー、それは危ないわ」

それを聞いていた先生が、「そんなのはまだまだ序の口。かわいいもんだよ」

「どういうこと？」

「教室でたき火してたんですから」

「えー！　教室でたき火？　そんな、大変じゃない」

すると、その先生が「いやいや、この話はまだまだ奥が深いんだよ」と言って苦笑い。「芋を焼いてたんだよね」

一同大爆笑。「そりゃすごいですね」って、何か和気あいあいでした。笑いごとではないのですが……。

こうしたやりとりがいいとか悪いとか、今の学校でも許されるか否かは別として、こんな風にやれていると「あなたのクラス、どうなっているんですか！」とヒステリックに詰問することなどないでしょうから。

教師の専門性再確認

「先生のクラス、大変ですね。以前私が受けもったクラスみたいなことにならないように、もうちょっとこうするといいよ」。こうした何気ないアドバイスを得ることが難しくなったように思います。

経験知をもっている教師たちが、定年を迎えて減ってきていることもありますが、ただただ「これはいけない」「あれもいけない」と、親も世間もみんな言うものだから、現場も行政もその大合唱に釣られてしまって、縛りばかりが増えて萎縮し、ますますもって息苦しくなっているような気がします。

そうなっては、開かれた思考どころか、むしろ思考は閉ざされていきます。間口が狭くなってしまうので、お互いに身の回りにある個々のものだけにしがみつくようになってしまう。

こうした傾向がどんどん強くなってきているようです。今、しきりに先生の修士化を図らないといけないと言われるのもそうした流れの一つだと思います。

親の学歴が高くなったから、教師は昔のような権威をもてなくなった、教師なんてたかがしれているという風潮があります。しかし、悪いけれど、これはまったくの間違いです。

こと教育に関しては、教師は専門職として何十年もやっています。何百という子どもたちの教育と彼らの抱える問題と向き合い、時には共に笑い、時には悔し涙を流しながらかかわり続けてきた人です。それが、せいぜい2人か3人の子どもしか教育していない親よりも見識が低いなんてことは絶対にあるはずがない。

もちろん、親のほうが教師よりも低いということではありません。一番子どもを愛しているのは親でしょう。しかし、教師は、お互いの立場を尊重しつつ対等以上のつき合いができる、親とは異なる専門性を発揮できる力や立場をもっているのです。もっと教師は自信をもって臨むべきです。

少し乱暴に言えば、時にはけんかしたって構わない。意見に食い違いがあっても、子どものために折れてはいけないところでは絶対に折れない。教育委員会に陳情が行こうが、裁判所に訴え出ると言ってこようが、毅然と言えばいい。

「それで、お宅のお子さんは、将来本当に良くなるのですか?」と。

愛される変人になる

たとえば、第1志望に受かった、よかった、第2志望になってしまった、がっかりと、一喜一憂してしまうのは、子どもだけではありません。親も教師である私たちも同じです。しかし、長い目で見れば、第1志望だからよくて、第2志望だとダメ、なんてことはないのです。本当は大して変わりはしないのです。むしろ「第1志望に行ったので一番ビリになっちゃった」などということはよくあることです。

「人生万事塞翁が馬」。賢い子どもばかりが集まるところってとても大変です。今まで1番だったのに、全然目立たなくなったりします。しかし、異才を発揮していると、どこへ行っても大丈夫。変人になれると気も楽だし、いっそ変人になっちゃえばいいのではと思います。

個性って、社会に認められない限り、個性だとは認めてもらえません。自分の考えが自分にとって気持ちいいだけでなく、他の誰かにとっても気持ちいいものであれば「独創的だね」と言ってもらえます。しかし、周囲の人から「何それ、気持ち悪い！」と思われれば独善的とみなされてしまうわけです。

ですから、もし変人になるのだったら、周囲から受け入れてもらえる変人になりたいものです。子どもたちから愛される変人教師。素敵だと思いませんか？

愛される変人教師になるためには、次の２つの要素が必要だと思います。まず１つは、変人であると言われるにふさわしいユニークな個性をもっていること。もう１つは、子どもに対してであれ、誰に対してであれ、決して排除しないことです。もし、自分がもっているユニークさが、誰かを傷つけたり排除してしまう性質のものなら、その人はただの嫌われ者になります。

理科の教師が「おれは実験がたまらなく好きなんだよ！　わかってるよな？　だから、みんなも実験を思う存分楽しんでくれ！」みたいな感じでしょうか。こうした変人っぷりは、子どもたちからも喜ばれます。受けねらいのような面はあるとは思いますが、けっして迎合していないところがいいのです。

「そんなことを教師がしたら、子どもからばかにされるし、軽んじられる」と言う人もいますが、喜ばれた上で、存在感もあったりするわけですから、まったく問題ないじゃないですか。むしろ「自分がばかにされた」などと思ってしまうほうが問題だと思います。

「ばかにされる」ということをとても狭い意味でとらえてしまうと、自己肯定感が著しく低下するし、ひょっとすると心の病にまで発展してしまうかもしれない。しかし、そうではなく「先生、ばかでしょ?」と言われたら、「そうかあ?」みたいな感じで受け流してしまえばよいのです。真っ向否定するのではなく、かといって「そうなんだ」と受けとめてしまうのでもなく、軽く受け流す。

「あの先生、変わってるよな?」

「そうだよね。でも、それってけっこうすごいことなんじゃない?」

こんな風に思ってもらえれば、教師として最高です。

そもそも愛される変人をめざすわけですから、自分の評価は自分で下せばいいのです。周りがどうとらえたっていい。自分の中で「私はこれでいいんだ」と思えば、それでいいというわけです。

私は天然パーマで、若いころはとても嫌でした。どうすればストレートになるかと、いろいろやってみたのですが、どうにもなりません。

今でも、髪が伸びてくると、ピッとはねてしまう。家族にはかわいいとか言われたりしますが、息子に言われるとすごく嫌なものです。「おまえに言われたくないよ」となります。でも、これも個性です。

こうしたことは、誰しもあると思います。自分としては、嫌で嫌で仕方がないのだけれど、他の人から見たら魅力的に映っていたなどということもあります。でも、嫌なものは嫌なのです。

周囲の評価が気にならない人はいないでしょう。しかし、自尊心や自己肯定感、自己有用感といった観点から考える限り、他者の評価はあくまでも補完的にすぎないような気がします。自分がよく思われたいところが認められれば自尊心などは高まりますが、自分では嫌だなぁとか、どうでもいいと思っているところを褒められても、あまり嬉しくないからです。

自分が自分をどう思うかが大事です。他の人の評価はレット・イット・ビー。自分の好きな道を自分なりに行けばいいのです。

第2章

同僚・上司と上手につき合う

心の中で舌を出したっていい

私は、本当に悪かったと自分が思わない限り謝りません。

何か問題が起きて上司に呼ばれて、どうにも謝罪しないわけにはいかない状況では当然「申し訳ありませんでした」と謝ります。しかし、本当は申し訳ないと全然思っていないから謝り方は悪いのです。建前上謝っているだけですから。「それは教員としてどうなの?」と言われたって、心の中では「うるさいな」くらいにしか思っていないから、本当はちっとも謝っていないわけです。

もちろん、謝る以上は、すっぱり素直に、明確に謝ってしまったほうがずっと得ではあります。

友人の人事部長に聞いた話です。

あるIT企業の業者さんに仕事を依頼したら、大きな間違いをしてしまい、そのために、みんな1日ほとんど寝ないで、対応に追われたことがあったそうです。その状況を先方にメールで伝えたものの返信がない。

すると翌朝一番に間違いをしてしまった当人が会社に来ているのです。真っ先に来たみたいな感じで。そして、ドアを開けた瞬間に、会社中に響き渡るぐらいの声で「今回はたいへん申し訳ありませんでした！」と頭を下げたのです。

するとと社員一同みなが「はい？」みたいな感じになって、そのあと大爆笑。結局「まあ、しようがないね」となって。「なんて謝り方のうまいやつだろう」となったそうです。言い訳なんか一切なしです。

形の上での謝り方はあります。まず大きい声で謝罪する、頭をしっかり下げる、目を見て話をする、涙を流すとか、いわゆる標準モデルみたいなものです。服装もちゃんとして、緊張感をもって、「このたびはたいへんご迷惑をかけて申し訳ございませんでした」と、45度頭を下げて10秒ぐらい止める。そんなふうに、形の上で、それが必要だと思えばやればいいのです。

しかし、自分が悪くないと思っているときには、こんな風には謝れません。だったらむしろ謝らないほうがいいのではと私は思っています。立場上、謝らないとしようがないから謝るときには「ああ、悪うございましたねぇ」となります。そんな謝り方になるのは無理もない。まあ当たり前です。

「あなたは、本当にそれで謝っているつもりですか？」などと言われても、悪いと思ってないのに心から謝るなどできやしないのです。「ああ、謝ってますよ、一応」くらいの返事が精一杯です。自分の心は偽れません。だめなものはだめなのです。

私は、本当に芯から自分が悪かったと思えない限り、きちんと謝れません。自分自身の中で謝れないのです。損得を考えたら謝っちゃったほうがいいだろうけれど、私は意外とそういうことでは損得を考えない人間です。

自分では全然悪いと思っていないのに、「たいへん申し訳ありませんでした」などとやると、自責の念がふつふつと湧いてきます。「私はなんてだめな人間なんだろう」となる。それは、ストレスそのものだし、きっと鬱につながっていってしまったり、心を傷つけたりします。

ですから、自分の思ってもいないことはなるべくしないほうがいいのです。「何が悪いんだ。私は悪くない」と言ってけんかしたとしても、それで通ってしまえばそれだけの話。しかし、なかなかそうならないのも現実です。修復できない溝になってしまうこともあります。

そこで、私は「ああ、ごめんなさいねー。すいませんでした。どうも〜、今回は。もうしませーん」みたいなやり方で通してしまいます。心ない謝罪は相手に伝わるので「何だ、その謝り方は！」となりますが、「まあ謝ったのですから」

と何とかそれでやり過ごしてきました。

あまりおすすめできないかもしれませんが、案外、このやり方は悪くないのではないかとも思っています。なぜなら、心の中では納得せず、自分は謝っていないことを表明していることにもなるので、自責の念に囚われることもないからです。その一方、一応形の上では謝っているのですから、修復できない溝にまで発展することもないのです。建前の謝罪ですので。

お互い釈然としない気持ちを抱えたままですが、それでよいのです。むしろ白黒はっきりつけないことが大切です。こうしたことは、日本人の悪い癖であるかのような言い方をする人もありますが、私は違うと思います。白黒つけずに折り合いをつける。これは人とかかわる上での日本人の知恵だと思うのです。

だから、何でもかんでも謝って済ませようとは思わないほうがいい。自分のためにも、相手にとっても。

すぐに謝ることは、一見相手に対して誠実なように見えますが、自分の心に対しては不誠実となります。人への誠実さのために自分の身を切るのもほどほどにしないといけません。

自分が悪くないと思うなら、演技の謝罪でいいのです。演技だと思えれば、役者が涙を流すのと同じ。心に余計な負荷をかけずに済みます。

自分の心に背いてまで謝るなら、自責の念という負荷（ストレス）が生じ、一回限りのものではなく蓄積されます。その蓄積が自分の許容量を超えると、一気に揺り戻しが来るのです。コップの中の水があふれるようなものです。この揺り戻しにより、心をだめにするケースがけっこうあります。何かうまくいかない出来事が直接的に心を破壊するのではなく、媒介的に心が病みます。

学校は、冒頭の文部科学省の報告にあるように、民間企業よりもストレスがかかりやすい職場です。そのような職場でやっていく以上、（対症療法ではありますが）ときには、厳しい局面を割り切った演技で乗り切るというのも一つの方法としてあり得ると思います。

今の世の中、教師もしたたかに生きていってほしいと思います。

面従腹背でいい

今もおつき合いがあるのですが、私のかつての先輩でこんな方がいらっしゃいました。

女性で、独身で、学年主任をやられていて、まじめで本当に厳しい方でした。当時、職員室でその先生がいらっしゃると、私たち若手は子羊よろしく肩をすぼめて大人しくしていました。

ある日「これから進路対策委員会に行ってきます」と言って、その先生が職員室を出て行かれたので、「行ったぜ！」と歓喜の声をあげた上に、「いつもうるさいんだよな」なんて、つい口を滑らせた瞬間に部屋に戻ってきたりして……。そのときは、皆肝をつぶしました。

しかし、その先生も僕らの内に秘めた自分に対する気持ちをそれなりに承知していたのでしょうね。「どうせいつもそんなことばかり言ってるんでしょ、あんたたちは」と言って、笑いながら出かけていきました。学ぶべきは、そうしたお互いの柔軟さです。

面従腹背でいいじゃないですか。柔軟さ、したたかさがないと、どんなにがんばっていても、いつかは心が折れてしまう。ですから、ときには曲がってみることもあっていいと思います。曲がってみて気づくこともある。「あれ？　こんなに曲がっても、私、意外と平気？」みたいな。曲がるだけ曲がったら、また戻ればいいのです。居直りみたいなことがあっていい。

もちろん、それをあからさまに言動で表に出してよいというわけではありません。嫌なことや嫌な人とのつき合いでは、心の中で舌を出して面従腹背をやればよいということです。これも一つの知恵です。

若いころ、授業研究の授業者として発表したときのことです。参観者の諸先生方から批判的な意見の嵐でした。実際、言われたことが図星でもあったものだから、余計に苦々しい気持ちが募っていく一方です。

そこで、授業者としての最後の発言で、「では、今度はみなさんの授業を見せていただきます！」なんて余計なことをつい言ってしまいました。もう言うまでもなく、その後はさんざんです。

柔軟さ、したたかさというのは、剥き出しの感情をそのまま外に出すことではありません。かといって、ただただ我慢するのでもなく、まして「自分が悪いんだ」と自己否定に走るのでもありません。心の中で舌を出す。そうしたしたたかさも、ときに必要なのです。

同僚・上司を上手に見切る

どの人とは深くつき合い、どの人とは表面上にとどめるか、しっかり見切ることが大切です。

受けもちの子どもたちに対するのとは違いますので、「誰しも何かしらいいところがあるんだから、誰とでも仲良くしたほうがいい」などとは考えないほうがよいでしょう。うまくいく人とはうまくいくし、うまくいかない人とはあまりうまくはいきません。

たとえば、自分が何かしでかして、誰かから怒られる場面を想像してください。自分が尊敬している人から怒られるとショックですが、自分が軽んじている人だと「あなたのほうが、おかしいんじゃないの？」くらいに思ってしまうものです。

関係の悪い人とは、どんなにがんばってもいい関係にはなり得ません。そこをしっかり見切って、いい関係を保てる人と、より一層いい関係を構築するよう努めるほうが賢明です。

そもそも自分が好感をもっている相手には、自然と返事もハキハキするし、無礼な行為にいたることはまずありません。恋愛とは異なり、通常の人間関係であれば、自分が好感をもっている相手は、たいてい自分に好感を抱いてくれるものです。

言葉だけではなく、雰囲気、話し方、顔つき、眼差しなどから、それはガンガン伝わってきます。その人が自分に対してどのような感情を抱いているのかだいたいわかるものです。お互いにですが。

一方、悪い関係の人と継続してつき合っていかなければならない場合には、仕方がないので、ますます悪くならないようにうまくつき合えばいい。

そうした儀礼的・義務的な接し方は、相手にも伝わるものですが、それでいいのです。「最低限のことはやりますよ?」というニュアンスは、一方で「一線は引くけれども、今後とも関係を継続しますよ」というメッセージでもあるからです。

むしろ、よくないのは、心を偽って無理してがんばってしまうことです。一見よいように見えても、結局表面的な関係しか築けないし、ときに心が折れてしまうかもしれません。

それに、もし相手からよい関係だと勘違いされてしまうと、ちょっとした発言がすごく気に入らない、ということも起きかねません。最初から、「最低限で」としておけば、何かあっても、「あいつだから、しょうがない」とお互い諦めもつくので、ダメージが少なくていいと思います。

「ほどほどに」「適当に」つき合う

何か大きな失敗をしたのに、言い訳をしても許されるA先生。たいした失敗でもないし言い訳もせず謝罪しているのに、なぜか許してもらえないB先生。こんな話はよく聞かれることです。

では、A先生はなぜ言い訳をしても上司から許されるのでしょうか。その答えはいたってシンプルです。失敗以前に、A先生はその上司との人間関係をしっかり築いてしまっていたからです。

人間関係ができていれば、何か大きな失敗をして、下手な言い訳をしたとしても（組織に致命的なダメージを与えるものでない限り）「なんてことをしてくれたんだ！」と怒られはしますが、結局は「しようがないな」に落ち着きます。

では、なかなか許してもらえないB先生はどうか。上司との間にしっかりとした人間関係ができていないのです。

人は、上司との人間関係がギスギスしてしまうと、自分が何か失敗をしたからだと考えがちです。しかし、実はそうではありません。むしろ逆。人間関係がギスギスしているから言い訳が通用しないし、失敗が許されないのです。

失敗する回数が増えるから関係が悪くなるのではありません。最初に人間関係ありきです。その人との関係の良好さ（度合い）に応じて怒られる頻度やかわいがられる頻度が変わってくるのが人間関係です。

以前、とても怖いやり手の上司に仕えていたことがあります。その方には本当によく怒られました。でも、どうしたわけか、私はその人のことがわりと好きでした。こちらの抱いているそのような感情は、何となく相手に伝わります。

仕事上の提案をするたびに「本当におまえはだめだな」とよく言われていました。そのようなときに「いえ、だめなりの提案です」などと言い返すと、「おもしろいなぁ、おまえは」みたいな返事が笑いとともに返ってくる。その後も、私は懲りずに提案を出し続けていました。

上司が自分のことを本当のところどう思っていたのかはわかりません。しかし、きっと人間関係ができていたのだと思います。あまりよいことわざではないですが、「ばかな子ほど親はかわいい」って言うでしょう？　そんな感じが確かにそこにはありましたし、そういう人間関係だったと思うのです。

逆に頼まれても嫌だなと思うこともあります。知人の教師が編集する本を出すことになったということで、私の元にも原稿の依頼が届きました。たとえ誰の本であろうと頼まれた原稿は原則引き受けることにしているので書くには書きました。でも、心の中では「あいつの仕事かよ、嫌だな」と思ってもいました。

なぜ嫌だと思ったのか。その知人との人間関係をどうしても構築できなかったからです。以前、私が「先生の授業の講評、よかったですね」と言ったら、「あなたに褒められる筋合いはないですね」と言われたことがあります。相手が自分に対してよい感情をもっていないことが明らかなら、私としてもよい感情をもちようがありません。人間関係を構築できるわけがないのです。まあ、こちらが先に構築してもよいのでしょうけど……。

しかし、こわもてのかつての上司は、そのような言い方は絶対にしません。あるとき私が「先生は本当に動物的直感がありますね」と言ったら、先輩からは

「動物とは何だ」と怒られましたが、上司は「そうなんだよ。おれは意外と勘がよくてな」と笑っていました。

こうした人間関係というものは、どうも長くつき合っていれば深まるものではないようです。一瞬にして意気投合して構築される人間関係もあります。しかし、中には、どうしても構築できない人間関係もあります。

そうしたときは、諦めるよりほかありません。何をどれだけやってもうまくいきません。だめなものはだめなのです。ですから、職場で誰かとうまくいかなくなったとしても、決して思い悩んではいけません。まして「自分がだめな人間なんだ」などとは思ってはいけません。うまくいかないのは馬が合わない。ただそれだけです。

ですから、うまくいかないときには、無理にうまくやろうとは思わないことが肝要です。うまくつき合うのではなくて、「ほどほどに」「適当に」つき合う。これしかありません。

逆に、うまくいく人とはどんどんうまくいくわけですから、ずっとついていけばいいのです。その関係がお互いにとってｗｉｎ－ｗｉｎになるからです。

うまくいかない人と無理につき合っていると、自分にとってはもちろん、相手にとってもマイナスとなります。お互いより一層ネガティブな関係になっていきます。ですから、そういう人には「近寄らない」「触らない」「遠ざかる」のがいちばん。これが賢い。

そうはいっても、けんかをするわけではないから、最低限のことはします。例えば、挨拶はちゃんとしないといけない。しかし「おはようございます！」と相手の目を見てはきはきと言えればいいのですが、本当は目を合わせたくもないから顔をあげたくない。そうしたときには「おは…ようご…ざい…ごにょごにょ」でもいいと思います。一応、挨拶だけはしたぞと相手に伝わるだけで十分です。

そんなつき合いではストレスが溜まりますが、「いつもお世話になっています」などと心にもない言動を続けていると、もっと深刻なストレスを抱えることになってしまいます。「適当にごまかす」くらいでちょうどよいのです。

ただ、人間関係の秘訣は、相手を変えることではなく、自分が変わることではありります。もしウソでも、明るく挨拶をする演技ができるなら、それによって人間関係が変わることもあり得るということ、このことは、頭の片隅に置いておくとよいでしょう。

「自分は誰ともうまくいかない」という思い込みが次の失敗を生み出す

長く管理職をやっていると、いろいろと思うことがあります。「どうして教育委員会はおかしなことばかり言ってくるんだ」「この教員は何なんだ」などなど。しかし、本当は、(当たり前のことですが)おかしな人ばかりではないのです。いい人はどこにでも必ずいます。「この人となら一緒に飲めるな」とか、「おもしろかったな」「いい人だな」「助かったな」といったことがちゃんとあるものです。ですから、誰ともうまくいかないなんてことは絶対にありません。

「誰ともうまくいかない」というのは、みな思い込みなのです。思い込みによって現実がブロックされ、自分の視界を狭くゆがんだものにしてしまうのです。その結果、行動も阻まれます。

セールスでも、10件回って全部だめだったら、次の1軒もどうせだめだろうと思ってしまう。確かに心情としてはあります。確率的にもそうかもしれない。しかし、逆に1件でもうまくいくと、次の1件もうまくいくような気がしてくる。すると、不思議にうまくいく。

それは、うまくいくイメージをもって事に当たったからです。「次もきっとだめだろうな」と思ってセールスするのでは、お客さんへのトークの内容も態度もまったく違ったものになるでしょう。これがけっこう大きいのです。秘訣かもしれません。

ですから、「自分はどんな人とでもうまくやれるんだ」と思える力をもった人は、（私にはちょっと難しいけれど）本当にいろいろな人とうまくいったりするわけです。（恋愛では事情が異なるかもしれませんが）「好きです」と言われて嫌な気は起きないということです。

このことは、学生の就職活動についても似たようなことが言えるかもしれません。よく言われることですが、「受かるやつはどこでも受かる」というものです。10社受けて、10社みんな受かる。しかし、受からない人は、10社受けて10社全部だめになる。そうすると、もうモチベーションが下がって、「どうせどこを受けてもだめなんだ」と思いはじめる。自分には負のスパイラルが働いているんだと思うようになる。

しかし、そのスパイラルを働かせているのは自分自身です。意識を変えなきゃと思うのだけど、なかなかどうにも変えることができない。いったん負のスパイラルを生み出してしまうと、外へ抜け出すのを邪魔するものがあるのです。ネガティブブロックです。

ネガティブブロックが本当に厳しいときにはどうにもなりません。そんなときは、いったん思い切って「いち抜けた」となることです。つまり、「さぼる」ということです。その際、どれだけさぼるのか期限を切ることとです。「自分は○月○日までさぼるぞ」と。紙に書いて自分の部屋の壁に貼っておくのもよいでしょう。

それまでの間は遊ぶ、楽しいことをいっぱいする。それ以上に、規則正しい生活を心がけてしっかり休むことです。「寝る子は本当に育つ」というデータがあります。頭がよくなる子どもはよく寝ている。寝ているうちに脳がうまく働くそうです。だから、ときには休むことが大事です。

上手に頭を切り替える

まじめさゆえに、頭の切り替えが苦手な教師は少なからずいると思います。そうした人は、次のように考えればよいと思います。

物事には必ず長所と短所がある。しかし、それは長所というものと短所というものの2つがあるわけではありません。長所と短所は同じものです。見方が変わるだけなのです。長所が短所であり、短所が長所なのです。

1枚の絵をグルッと見回すと違った姿が見えてくる、だまし絵がそうです。現実の物事もそういうものです。いいようにも悪いようにも解釈できるのです。

たとえば「おまえは、言うことを聞かないやつだな」というのがあります。これだけ見ると、何となく悪い子どものように見えますが、実はそうではありません。人の言うことを聞かないということ自体は、別にいいことでも悪いことでもないからです。

「人の言うことを聞かない」ということを「素直ではない」という風にとらえれば短所になりますが、「自分というものをしっかりもっている」ということであれば長所ととらえることができるわけです。そうすれば、褒めたりすることができます。ちょっと視点を変えるだけで、その子が自分の知らなかった違う子に見えてきます。

盗癖がある子であれば、ただ「だめだ」と指導しても効果はありません。そこで「いったい何で盗むの？」と素朴な疑問をぶつけてみる。
「盗むって楽しい？」
「楽しいよ、けっこう」
「どういうところが楽しいの？」と具体的に聞いていく。叱るのではなくて、引き出しちゃう。するとうまくいかなかった人間関係の歯車が回りはじめたりします。

先に述べたように、だめな人間関係はどこまでいってもだめなものです。しかし、それを緩和することはできます。例えば、私がAさんとうまくいっていないとしたら、私とAさんとでは、そもそも感じ方・考え方の違いが根底にあるわけです。

「別世界の人間だ、異次元、文化が違う、背景も違う。では、具体的に何が違うんだろう」と考えてみるのです。で、自分が相手の立場だったらと想像の翼を広げてみる。そうすると、「相手にもプライドがあるわけだし、そう考えるのも当然かもしれないな」という考えに行き着くかもしれない。そんな風に思えたら、こう考えてみればいいのです。

「Aさんも大変だよね、私みたいな部下をもって」と。そう言ったとしても、あまり芳しい返事は得られないかもしれません。しかし、自分の中でもしそうしたことができれば、少なくとも相手と険悪にはなりません。

嫌いなんだから、無理に好きになることはありません。しかし、少し立ち止まり、相手の立場に立ってものを考えることはできるかもしれない。「こんなに自分とは違うんだ、この人もメンツがあるし、言ったことをこの人はなかなか翻せないタイプだよね」と。そんな風に思えたら、自分の頭を切り替えられるかもしれないし、少なくともネガティブブロックは作動しないと思います。

ピンチはチャンスだと言います。まさに見方を変えると、そういうことは実際にあるものです。

努力は成果としては表れない

変なことを言いますが、努力は、往々にして報われません。しかし、それは必ずしも成果としては表れないという意味です。

努力は自分を耕すもの。そうとらえる限り、努力は自分を裏切りません。すなわち、努力したことは、直接的な成果には結びつかなくても、次に何か他のことをやるときの重要な足場になるという考え方です。

努力は一本道ではありません。むしろ一本道がないからこそ努力するわけです。そのような意味では、努力は、いろいろな回り道をする、試行錯誤する、場合によっては無駄だと思うようなことでもあえてやる、ということだと思います。

その先に何があるか。それは、いろんな生き方や人とのつき合い方を可能にする引き出しがつくられていくことだと思います。

こうした引き出しの質と量が増してくると、今まで対応できなかったような状況に適切に対処できるようになるし、生まれて初めて遭遇する場面であっても、冷静さをキープできるようになってきます。そこまで来ると、何か失敗しても、あまり思い悩まずに「次はこうすればいいや」と思えるようになるのです。

「それはあなたの仕事でしょ？」がもたらす不利益

つい口癖のように「それはあなたの仕事でしょ？」と言ってしまう人がいま

す。そういう人は、人間関係で自分がどれだけ損をしているか気づいていません。なぜなら、自分と周囲が今どういう状況なのかが見えていないからです。「自分には心に余裕がありません」と言っているようなものです。遊びがないのです。

当たり前のことですが、人は自分にプラスになる人を評価するでしょう？　自分がやっている仕事を手伝ってくれたりすると、その人に対して好感をもつわけです。そうした好感を得るチャンスを自ら脇に押しやってしまう。「あなたの仕事を手伝う気はないよ」と完全に突き放しているからです。

これは人間関係で最大のマイナス。損しないわけがないでしょう。どうしても手伝えないときには、「今ちょっと手が離せないので、後でやります」と言えばいいのです。

学校はチームで動いています。授業だってそうです。自分一人でやっていると思える場面でも、実際は様々な人とのかかわりがあってはじめて、その教師は自分の授業に臨めるわけです。

チームワークだから、みんなで助け合わなければいけない。それなのに「あなたの仕事でしょ？」と発した途端、チームワークを損ねる。だからこのセリフを口にしてはいけないのです。

リーダーシップとフォロワーシップ

リーダーの資質というと、徳の高い人、頭がいい人がいいリーダーだと思いがちです。しかし、案外そうではなかったりします。実は、あまり頭のいい人だとむしろダメなのです。すべてに熟知している人、熟達している人は、リーダーには向いていません。なぜなら、周囲の人たちが、そのリーダーを助けてあげようという気持ちにはなりにくいからです。

仕事は、担当者に委ねて実際にやってもらいます。うまくいけばその人は自信をもてます。委ねてだめだったとしても、自信をなくすことはありますが、学校では必ずチームを組んで事に当たりますから、周りがそれをカバーしてうまくいくことのほうが多いものです。

それでいいじゃないかと思っています。その人自身にはたいした力がなくても、周りからのサポートがあればいいのです。そのような形で根回しをすれば、いい循環が生まれます。

自分には力がなくても周りから助けてもらえるような人が、リーダーとしてふさわしいのだと思います。「私、力がないから、皆さん、助けてね」と。それで結果を出せれば万事めでたし。「みんなでつくったんだ」とみんなが思えるのですから。そうすると、「A先生が中心になってくれたからできたんだ」という評価が後からついてくるわけです。「行くぞ！」とばかりにガーッと引っ張って「うまくいきました」よりもずっといいのではないかと思います。

ある学校で、副担任の教師が合唱祭の実行委員長をやりました。いろいろなことをみんなに言われながら、けっこう苦労していました。「いろいろ不手際があるけれど、よろしくお願いします」と頭を下げていました。それでも、無事合唱祭が終わったら、その先生が褒められるわけです。何だかんだ言っても、中心になってやったのですから。

実は、成功や失敗というものは、中心となる担当者の問題ではなく、学校全体の問題なのです。担当者自身の能力にかかわりなく、「A先生、がんばってやってるよね」という感覚がみんなにあることが大事なのです。

うまくいけば「よくやったね」となるし、うまくいかなくても学校全体の問題として「残念だったね」となるわけです。力がないからとはずすのではなく、ちゃんとした仕事を与えて、皆でそれを支えていくことが学校ではとても大事です。

個の能力としてのリーダーシップに期待するのではなく、リーダーを助ける側のフォロワーシップをうまく活用するほうが、学校という組織はうまくいきます。「自分がすべてやるんだ」という硬い発想だと、周りからの支えはかえって邪魔になってきます。戦国武将なら、自分でやるんだという頑固な織田信長型もありでしょうけど、国が安定したときには柔軟な徳川家康型のほうが長続きしますね。

結局、頑固さも柔軟さも双方大切です。しかし、最初から両面をもてるわけではありません。最初のうちは、フォロワーシップに期待して、いろいろ助けてもらいながら仕事を遂行する。その中でうまくいかなかったことについて次に別の方法で試してみながら、その中で、少しずつみんなを引っ張る力がついてくる。

学校という組織では、そうした周囲の人たちのフォロワーシップに支えられて、リーダーが育っていくのだと思います。

ポジティブなエネルギーをもらえる人を探す

前に書いたように、どうしても仲良くなれない人であっても、職場では仲よくするふりをするという方法があります。自分が受けるかもしれないダメージをできるだけ最小限に留めようとする考え方です。

しかし、自分のテリトリーに仲良くなれない人が１人でもいれば、その影響を受けないようにしていても、何らかの影響は必ず受けます。

できればそんな人には近づかず、職場の内外を問わず自分にとってより良いポジティブなエネルギーをもらえる人を探すほうが賢明です。世の中には、かかわりを通して共に輝ける人がいますから、そういう人たちと友達になることです。

そのように考えるためにも、自分と合わない人は避けて、合う人を探す行為を「逃げ」と受けとめてはいけないと思います。

嫌々ながら人とつき合うのは、嫌いな教科の勉強をやるのと変わりません。成果はあまり上がりません。そうではなく、自分の好きなことをどんどん伸ばしたほうが効率がいいし何より楽しい。そのように自分から人を選んでつき合うということです。

上手に愚痴を言おう

人の悪口、陰口を口にする人は嫌われる。これは確かに真実です。しかし、人間ですから、時には言いたくなるのも心情です。

私は、別に言ってもいいのではないかと思っています。例えば、お酒の席などの場がそうです。人の悪口、陰口は、いいおつまみ。けっこう美味しいものです。それによってストレスを発散できるわけです。

しかし、そうした悪口、陰口は、どのような席であろうとどこからか流れて、当人に伝わります。それで人間関係がぎくしゃくしてしまうこともあります。しかし、人の悪口、陰口は絶対に言うなというと、それ自体がストレスになったりします。「人の失敗は蜜の味」というくらいだし、「いいじゃん、それくらい」と私は思っています。

後々のことを心配するのであれば、悪口、陰口を言った後に、「まあ、A先生の立場からしたら、しょうがない面もあるだろうけどね」とつけ足せばいい。あるいは、別れ際に「でも、ちょっと言いすぎだったかもしれないかな」とお茶を濁す。こうした一言を最後につけ足しておくだけでずいぶん違います。

他人の身にはなかなかなれませんが、大いに悪口、陰口を言いながらも、相手の立場、役割、地位を慮りつつ「でもねえ、そういうことを言っても、あの人も大変だよね」とつけ足しておけば、その悪口、陰口は愚痴の範疇を超えません。言った人も聞いていた人も、愚痴だと理解していれば、後々大きな問題には発展しません。

「最近ずっとイライラしているのも、奥さんとうまくいっていないからみたいだし……」

「それは、ちょっとかわいそうだよね。でも、そのイライラをぶつけないでほしいよね」

といった案配です。こうしたやりとりで、その場に居合わせた人たちの理解がポジティブに深まったりすることもあります。

この程度の陰口、悪口は、人として許される範囲だと思います。自分の損得のため、つまり誰かをおとしめて自分をもち上げるような手段として陰口、悪口を言うのは論外ですが、あくまでも自分の憤懣やるかたない気持ちを吐露する分にはいいでしょう、と思うのです。

ここで、一つだけ気をつけたほうが良いことがあります。それは、「その場限りにする」ということです。お酒の席で悪口、陰口を言っても、翌日職場に行ったら内に秘める。決して外に出さない。悪口、陰口を口にした人はもちろん、聞いた人すべてがそうしなければなりません。

問題が起きるのは、酒の席での会話であるにもかかわらず、それに影響を受けてしまって（先入観や理不尽な思い込みとなって）、日常の職場にもち込んでしまったときです。

もしそうなれば、悪口、陰口を言った人と言われた人との関係がぎくしゃくするだけでなく、職場全体の雰囲気が悪くなります。当然、チームワークを損ないますので、仕事に悪影響を及ぼします。ひどくなれば職場内でのいじめに発展する場合もあります。

要するに、大人の対応をしましょう、ということです。悪口、陰口を言うだけ言ってストレスを発散したら、それでよしとして頭を切り替え、翌日の仕事に邁進すればよいのです。

うそも方便

「挨拶だけは明るく大きな声でしっかりやろう」子どもたちに対して、私は徹底してそう指導しています。

先日、仕事の関係で来校した人が、「先ほど廊下で、男の子からとてもしっかりとした挨拶をされてびっくりした」と私に言いました。「とても気持ちの良い挨拶でしたよ」と。彼はとてもニコニコ顔です。

サッカーのユニフォームを着た小柄の男の子だったそうです。すれ違う際に、パッと立ち止まって、ザッと頭を下げて「こんにちはっ！」って。

これは大きなメリットです。もうその子への評価、二重丸ぐらいでしょう？

その子がどの子だったのかはっきりとはわかりませんでしたが、おそらく私が何回か褒めたことのある子だったと思います。

「君ね、それってすごい特性だから大事にしなさい」と言ったら「ありがとうございます！」って。テストの点数が10点高いの、低いのということなどよりもずっと素晴らしいことだと思います。

しかし、親というものは、なかなかそうは考えられません。

以前、カンニングがばれてお咎めを受けた子どもの親御さんと揉めたことがありますが、5点や10点上がったからって、人生なんか何一つ変わりません。それより不正をやった挙げ句、うそをつきまくって、お互いに嫌な思いを味わって、自分の中にトラウマをつくるほうがずっと精神的に悪いし損です。

うそをついていいとき、ついてはいけないときとはどのようなものかを知っておいたほうがよいと思います。ときにはうそも方便です。

同じうそでも、状況に応じて許されたり、許されなくなったりします。その境を知る道しるべはなかなか難しいものがありますが、少なくとも、相手に大きな損失を与えるとか、相手に根本的なダメージを与えるみたいなうそは、もちろん許されません。

うっかりついてしまったうそが、相手に大きなダメージを与えるようなものだとしたら、それこそ一生をかけて絶対にばれないようにするしかありません。墓場にもっていくしかないということです。

しかし、あまりにストイックになって、すべてのうそはいけないとなったら、おそらく世の中が壊れてしまうと思います。

適当にごまかしておけばいいものを、うそはいけないと正直に言ってしまうことで、「こいつ、空気読めてないな」的なとらえになってしまうことはよくあります。正直すぎても周りは引きます。

誠実すぎるといえば誠実すぎる。何ごとも「すぎる」のは、好ましからざる状況をつくります。誠実さにも自己満足的な誠実さと相手を思いやれる誠実さとがあって、後者の場合はあえてうそをつくことが許される場面がある。そうした清濁があると思います。

昔は、大らかさがありました。

教師が子どもを叱る。子どもは、これ以上怒られたくないから「すみません、申し訳ありません」と口では言う。教師は、叱るだけ叱ったら「親にちゃんと言っとけよ」と言って済ます。子どもも「必ず親に報告します」なんて殊勝に言ったりするのだけど、心の中では「誰が言うかよ」と。

それでよいのです。教師のほうもそういうことはちゃんとわかっているので、必要以上に子どもを追い詰めないようにしているのです。そういうおおらかさです。調整弁みたいなものがちゃんと機能していました。

しかし、今は、叱るほうも、叱られるほうも大らかであることが難しくなってきました。

「親にちゃんと言っとけよ」と叱られたことを、家に帰った子どもが本当に親に報告します。しかも、自分に都合の良いように言うのです。

学校でも怒られた上に家でも怒られたくはないから、うそだってつきます。それを親が鵜呑みにしてしまったり（子どもに迎合したりして）、「先生がおかしい」ということになってしまう。それで理不尽なクレームとなるわけです。

そうなってしまうと、なぜ叱ったのかがどこかへ行ってしまっています。あるいは、後々、親からクレームがあることを見越して（怖れて）、教師の側が叱ることを控えてしまったりもします。

全体に余裕というか遊びの部分が少なくなってしまっています。内に秘めておくということができなくて、何でもかんでもストレートになってしまっているのです。

学校と家庭双方に問題はあるのだけど、笑って済ましたほうがいいという場合もあります。それを問題とすることで、かえって深刻さが増してしまうような場合です。

実は、私自身、何度も失敗しています。当時仕えた上司から、こんなことをよく言われました。「言うべきことはちゃんと言いなさい。君の立場と役割をわきまえなさい。何のために君がそこにいるのか、いつも考えるように」と。

で、私はそうするのが正しいとすっかり信じ込んでしまって、副校長になったとき、勤務校で着任早々ガンガンやっちゃったわけです。「教諭として……」「主任として……」「こうすべきだ、こうすべきでない」云々。

そうすると、「あいつは生意気だ」となって、普通に遂行されるべき校務が滞ってしまったりとか。上司から学んだことは正しかったし、今は教わったことを実際に行って、しかも周囲の反発を受けずに何とかやれています。

そのときは、時と場、所属職員の立場や実績といったことをまるで考えずに正論をぶっちゃったわけですね。うまくいかなくて当然です。「本当にばかだったなぁ」と思います。きっと遊びがなかったのでしょう。

どれだけ正しいことでも時と場とやり方、言い方をわきまえないと、自分の行きたい方向とはまったく正反対に動いてしまう。自分と周囲の人たちとの間にクッションみたいなものがあれば、ちゃんと動くにもかかわらず、ガチンコ対決になってしまうわけです。これでは絶対にうまくいきません。仕事がうまくいかないだけでなく、人間関係で孤立してしまうことだってあります。

遊びが大事です。自分と周囲の人たちとの間に置くクッションが必要なのです。

「遊び」と「揺れ」

自分の中に「遊び」があり、物事を「揺れ」て受けとめられれば、様々な問題をかわせるようになると思います。そもそも仲良くなれる人とは自然と仲良くなれるわけですから、別に難しいことを考える必要はありません。

どうしても仲良くなれそうにない人との軋轢をいかにかわすか。

「遊び」と「揺れ」がキーワードとなると思います。「遊び」とは自分の中に生まれる余裕みたいなものだろうし、「揺れ」とは相手に対して自分自身のスタンスを変えたり、ずらしたりすることです。

「遊び」と「揺れ」。これは、円満な教職生活を送る上での知恵だと私は思います。しかし、学校という職場においては、まじめで正直で教師的な心情としてなかなかできにくい面もあります。

「遊び」のほうはともかく、「揺れ」のほうは発想の転換が必要かもしれません。教師の世界では、むしろ「揺れてはいけない」という心情が強く働くからです。不まじめ、いい加減といった受けとめをしてしまいがちです。

しかし、こうした教師らしいストイックな堅さは、よさである反面、諸刃の剣でもあります。堅いものは、ある段階までは強いのだけど、ある程度を越えるとあっさり壊れてしまうものだからです。しかも、その幅は、自分が思うよりもずっと狭かったりする。

ですから、私はあえて教師には、「揺れ」を許容すること、できればより積極的に自ら「揺れ」てみることをお勧めしたい。竹のような柔軟さで。

実は、変化の激しい社会の影響下にある現在の学校という職場では、従来美徳とされてきたストイックな堅さが、むしろマイナスに働くことが少なくないのです。ときには、人から変節漢だと揶揄されてもいいじゃないですか。柔軟に柔らかく揺れるのです。

うまくいかない人との関係も「遊び」と「揺れ」で対処することが必要です。それでもうまくいかなくなったら降りる。「いち抜ける」「降りる」「休む」。それでもダメなら「やめる」というとらえでよいのだと思います。

第3章

親や子どもと上手につき合う

親の損得

親とのつき合いがたいへん厳しい時代です。「難しくなっちゃったなぁ」というのが、長く教師をやってきた私の率直な印象です。「昔はよかった」などと言ってしまうと身も蓋もないのですが、昔の親は、（今ほど学歴がなかったかもしれないけど）頭がよかったというか、人として賢かったということがあります。

教師をうまく立てるのです。教師をおだてておいて、自分の子どもがプラスになるようなものを引き出していた。要するに、学校・教師を上手に使っていたわけです。私たち教師もそれがわかっていて対応していたから、お互いにいい循環の輪にいられました。

賢い親であるとはどういうことか。簡単に言えば、「いい教師とつき合いたいなら、その人をいい教師にしてしまおう」という発想です。

このことは、裏を返せば「教師をどれだけ批判しても、その先生は決してよくならない」ということでもあります。批判すればするほど、どんどん悪い方向へいってしまいます。

教師のいいところを引き出したほうが、自分の子どもにとっていいことをしてくれるので得だし、いちいち細かいことをほじくり返してクレームをつけるよりはるかに楽です。

本当のところ、中には、おかしな教師もいます。しかし、そのときに「うちの先生は本当にだめなんだよね」と言うだけでは、ずっとだめなままです。そうではなく、「だめは、だめなりに使いようがある」ととらえて、その使い道をフルに活用すればいいのです。昔の親は、こうしたことを今よりもずっと上手にできていたような気がします。

今の親の多くは、消費者になっているのではないでしょうか？　教育サービスという商品を買って使っているような意識と言えるかもしれません。義務教育下の公立校であれば、無料で使用できる「商品」です。このようなとらえだと、「どこの学校がいちばん得なのか」とか「この先生だと損だ」といった発想に行き着きます。

自分の手に入れた「商品」が、思ったようなものでなければ「不良品」というレッテルを貼って、ユーザーサポート（教育委員会）に電話をかけるわけです。

「おたくで買った商品（教師）は不良品（不適格）だから交換（交代）してくれ」と。「交換してくれなければ賠償を請求する」といった案配です。金銭的な損得勘定で学校・教師を価値判断してしまうのです。

言うまでもなく、学校はデパートやコンビニのように、商品を売り買いしているところではありません。「お気に召すものをどうぞ」と愛想を振りまくところではないのです。

親は教師のいいところをうまく使って、学校と一緒にやっていくほうが絶対に得だし楽です。しかし、この場合の「得」とは、金銭的な損得とは異なるのです。

経済学的には、教育は将来への投資という言い方があるそうですが、教育効果（成果）は、その子が学校に通っている「今」ではなく、学校を卒業し社会人になった「未来」にはじめて現れるものです。つまり、金銭的な損得で考えてしまうと、「今」の得が「将来」の損につながることがあり得るのです。

例えば、子どもが何か悪さをしても、親に「先生がいけないんだ」と言うと、親が「そうよね」と子どもに迎合してしまうならば、子どもも親も教師・学校と敵対関係になってしまいます。

逆に、親が子どもに「先生ではなく、あんたが悪かったんじゃないの？」と言えば、親が学校の側に立つことになるので、「なんだよ、こっちにだって言い分があるのに、母さんは学校の味方かよ」となって、その子は「言ってもしようがないや」ということになります。これはいい意味においてです。

いじめや暴力など、子どもの危機に関する場合には、子どもの側に立った見方、対応が必要です。しかし、今の時代は、そうした危機でもないのに、親がよく考えもせず子どもの側に立ってしまうために、教師と親が敵対関係になってしまうことがあります。これは結局子どものためにはなりません。

教師、子ども、親を取り巻く三者の力学

私たち教師は、学校教育である以上、小学校なら6年、中学校・高校ならそれぞれ3年しかその子どもの面倒を見ることができません。一方、親は少なくとも成人するまではずっとその子の面倒を見なければならないし、成人した後も、家族ですからつき合いは一生続くのです。

そこで、私は親に対して、冒頭から次のように言うようにしています。

「その子の一生分のことを考えると、学校だけでなく、いろんなものをうまく使っていかないと、お父さんお母さんだけではうまくやっていけません。そう考えると、お父さんお母さんは本当に大変です。私たち学校はたった3年間だけですから」と。

ちょっと冷たい言い方に見えるかもしれませんが、最初にはっきりさせておくことが大事です。子どもの教育にかかわるといっても、親と私たち教師とでは子どもとのかかわり方も立場もまったく違うのです。

「その3年間で一生のいい思い出をつくれるかもしれません。逆に、一生引きずってしまうような苦い思い出となってしまうかもしれません。ですから、いい思い出をつくれるようにぜひ協力してください」と投げかけます。

問題のある子どもであればなおさらです。この先大変なのは親なのですから。そのような意味では、親には同情しなければなりません。「気の毒です。お父さん、お母さんは大変です」と言って支援する。こうした発想が大事です。

それなのに、例えば、暴力を振るった件で学校に呼んだときなどに「お母さん、何やってんだ！」という発想でものを言うから、親はカチンときて「あんたに言われたくない！」となるわけです。「あんたに私の苦労なんかわかるもんですか」となるのは、当たり前でしょう。親を責めたりするからです。

親と教師とでは立場がまったく違うのに、同じ土俵で語ろうとしてしまったら、うまくいくはずがないのです。教師の側に余裕がないからです。だから「私たち教師だって大変なんです」とヒステリックになってしまう。

そうではなくて、「お母さん、大変ですよね」とはじめて、親が否定しても、「いやいや、本当に大変ですよ。私たちも大変なくらいだから、お母さんはさぞや大変でしょう」と。すると、「いや、それほどでも……。他のご家庭だって……」みたいな感じになってくる。

そんな流れになってきたら、「そうですか。では、今の状況がずっと続くといいですね。でも、学校や外の世界ではけっこう大変なんですよ。お母さん、ご存じですか？　そういうことを」と切り込んでみる。すると、意気込んで学校に乗り込んできた親のほうがだんだん不安になってきます。

別に脅かして黙らせようということではありません。実際に、これから先、その子が抱えていかなければならないリスクについて、学校はあらかじめ教えておかなければならないということです。今、その子が振るった暴力を放置しておけば、将来どのようなことになるのかということです。

今はまだ親が強くて、子どもに対して一定の制御が利いているわけです。しかし、その子もいずれ成長して、肉体的にも精神的にも力を増していくわけですから、親の制御は次第に利かなくなります。まして、親は子どもとは反対に老いて力を失っていくわけですからなおさらのことです。

教師としては「この子がやがて、今のまま社会に出て、自分の力で人生を歩むようになったら、もっと大変になりますよ」ということを教えないといけないわけです。こうしたことをはっきり言えない教師は、ついつい「お母さんの言うとおりですね」と言ってしまって、後々失敗します。

「お母さんは、大変ですね」と、「お母さんの言うとおりですね」とは、似たようなものに見えてもまったく違います。前者は、親の気持ちに寄り添う発言（同情や支援）、後者は、単なる迎合です。迎合とは、教師として言うべきことを言わなかったり、安易に親の意見に同意することです。

「お母さんの言うとおりですね」と言うなら、教師・学校側は「私たちは何もしません」と言っているようなものです。子どもを見捨てることになってしまいます。一方、「お母さんは、大変ですね」は、子どものいちばんいい姿みたいなもの、よりよくなってほしいという気持ちが込められているのです。

同情や支援といっても、単に相手の気持ちに立つということだけではなくて、子どもが先々背負うであろうリスクについてきちんと把握し、適切にアドバイスするということです。「お母さんは、良いと思うことをやってください。学校は学校として対応しますから。３年間は一緒にがんばりましょう」と。

「本日はお疲れさまです。お母さんも大変ですね。じゃ、これから子どもをよくするためには、どうすればいいか、一緒に考えていきましょう」というスタンスです。

ですから、迎合してはいけないし、「学校・教師はたいへんなんです！」などと言ってもいけません。親にしてみれば、自分が理不尽に責められているような気持ちになるだけです。親にとって不快なだけでなく、学校・教師にとってもいいことはありません。まして、子どもにとってはなおさらです。

親の大変さ・心情に身を寄せること、子どもによくなってほしいという教師の気持ちを親に伝えること、この２点がしっかりできていれば、そうそうトラブルに発展することはありません。

子どもに迎合してはいけない

子どもたちに対してはどうでしょうか。例えば、自分の連絡ミスで、「先生のせいで理科の時間に忘れ物をして、みんな怒られたんです」と言われたら、「あぁ、ごめんなさい、申し訳ない」とすぐにきちんと謝る。このような場合には、自分が悪いのですから、当然謝ります。謝っちゃうほうが楽です。「先生、今度は気をつけてよ」と言われたら、「はいっ！」って素直に答えます。しかし、迎合はしません、絶対に。

自分が悪いと思わなければ謝りません。クラスの子ども全員を敵に回したとしても絶対謝りません。上司であればいい加減に謝る、演技することはします。しかし、子どもに対しては不誠実ではいけません。

親に対しても同じです。私は教師として日ごろから親と対等以上の関係をもとうと思っています。対等以上の「以上」というのは、学校に通う子どもたちに対しては、教師は専門職として指導的な立場にあるからです。

ですから、親に対しても、自分が悪く、よほどのことがない限り謝りません。

安易に謝ることは、子どもや親に間違ったメッセージを送ることになるからです。迎合しているととらえられると、親や子どもは教師を自分よりも低く見るようになってしまいます。すると、対等以上の関係が壊れてしまいます。

モンスターペアレンツと言われるような親は、総じて教師・学校を自分よりも低いものと見ています。だから無理難題なことでも平気で言ってくるのです。お互いに対等、ないしは教師・学校を教育の専門家として対等以上の存在とみなしていれば、軽々に無理難題を突きつけることはできやしないでしょう。

せっかく相手が対等以上にみなしてくれているのに、自らその関係を壊して一般の人に成り下がり、クレーマーを増やしてはいけません。安易に謝ったり、へりくだるなど、迎合すると教育の機能が下がります。

道理の通じない親と遭遇したら……

中には、道理の通じない親もいます。といいますか、昨今増えています。

一口にクレームをつけてくる親といっても、大きくは２つのタイプに分かれるようです。

「学校・教師にはしっかりしてほしい。教育のプロなのだから、問題があったら適切に対応してほしい。自分の子どもの面倒をよく見てほしい」。これがタイプA。自分の家庭の外側に協力を求めていくタイプです。

「学校・教師は余計なことをしないでください。我が家には我が家の教育方針があります。うちの子どもはうちが育てるんです」。これがタイプB。学校に協力を求めようとはしません。

タイプAの場合には、「自分（親）だけでは難しいから、おじいさん、おばあさんの力も借りたい、社会の力を借りたい、先生の力も借りて何とかこの子をいい方向に導いてほしい」という気持ちが親の側にあります。そのような意識だと、一見道理の通じない理不尽なクレームであっても、共に話し合い、協力していく姿勢を強く示せば何とかなります。

タイプBは、学校・教師に対して文句を言うだけで孤立的です。自分たち親のほうが学校よりもいい教育ができる・していると思い込んでいて、学校・教師を信じないで自分たちよりも低いものだとみなしていたり、学校・教師への強い不信感を胸に秘めていたりする場合もあります。しかし、タイプBのような孤立的なアプローチだと、子どもは親の思惑とは反対の方向に行ってしまいがちです。

問題はタイプＢです。学校・教師と協力し合って何とかしようという落としどころを設定しにくいので、何をどう言っても埒があかないことが多いのです。すぐに、教育委員会に訴えるとか、訴訟を起こすといったことをもち出します。

タイプＡでも、訴訟等といった大きな問題に発展することもありますが、それは学校・教師側の対応の仕方がまずくて関係がねじれ、対応がこじれてしまった挙げ句、というパターンです。

学校・教師は、タイプＡはもちろん、タイプＢともつき合っていかなければなりません。なかなかうまく「いなす」ことが難しいのですが、教師個人の個性や特性に頼ることもあります。対応する窓口を変える、というやり方です。

人には好き嫌い、得手・不得手というものがあります。Ａ先生だと、すぐにけんかになっちゃうけど、Ｂ先生だと、（納得までは至らなくとも）「まぁ、しょうがないか」みたいな感じにもち込めるということです。

よく見極める必要がありますが、どうしてもうまくいかない場合には、同僚・上司と相談して、窓口を代わってもらうのも一案ではないでしょうか。親との対話では、自分も同席するのだけど、うまくいなしてくれる教師に主導権を握ってもらうのです。

学校には、スクールカウンセラーだっていますし、学年主任だっています。だから何でもかんでも「自分でやります」と思わないほうがいいと思います。「自分が担任だから自分には責任があるけれど、ここは他の人の力を使って一緒にやっていったほうがうまくいく」という発想です。「（担任である）私と話しにくかったら、他の人（先生）と話をしてもいいですよ」ぐらいの緩やかさ、大らかさ、裾野の広さ、間口の広さがあったほうが良いのです。

私たち教師もそうですが、親のほうもとかく閉ざされた思考をしがちです。年々その傾向が強まってきています。みんなのなかの一人である「私」と「あなた」ではなく、「私」と「あなた」という二者の関係に限定されてしまうのです。すなわち、「私」には「あなた」のことしか見えていないし、「あなた」も「私」のことしか見えていないという関係です。

しかし、実際には「私」でも「あなた」でもない、「様々な人」たちが周囲にはいるのです。こうした「様々な人」に目を向けられるような開かれた思考をもって、教師は親との関係を築いていきたいものです。

親との面談

親との面談に際しては、子どもの遠い将来を展望することが大事です。テストの点数がいいとか悪いとかといった話しかしていないと、目先のことばかりに終始して、「うちの子の成績が、Bちゃんよりも低いのはおかしい」みたいな話になります。

教育の効果（成果）は、その子の「今」ではなく、遠い先の「未来」に現れてくるものですから、そのような視点から共に夢を語ることが大事なのです。たとえば、その子が中学1年生だったら、「今、Aさんの成績はこうなってますよね。でも、2年後、3年後にどうなっているかが大事ですよね」と語ることからはじめる。3年生になったら「高校でどんなことをしたいのか。卒業したら……」と。

10年もの年月を見通すようなことはなかなか難しいですが、数年先の中期的展望を語ることはできます。こうしたことがとても大事です。そうした展望のもとに、「じゃ、今はこうしたことが必要ですね」とアドバイスしていくわけです。

私個人としては、小学校時代、中学校時代にテストの点数が何点上がったかなど、本当にどうだっていいと思っています。きれいごとに聞こえるかもしれませんが、行事のときの嬉しい気持ちだとか、生き生きしている様子とか、学校に来るのが楽しみだとか、そういったことのほうがずっと大切なのです。子どもたちが生き生きと安全に、楽しく過ごしていること以上に、いったい何が大事だっていうのでしょう。

「本当は何が大事なのか」を親としっかり共有する。その上で「でも、成績も大事ですよね」と言えばいい。教師が親に迎合して目先の成績や素行ばかり取り沙汰してしまえば、親だって視野が狭くなって数値のことばかり言いはじめます。

鳥瞰的にものを見ることが大切です。遠くから広い視野でものを見るとは、状況を対象化するということです。このような観点に立たないと、教師はいい指導ができないし、親のほうも、せっかく教師が自分の子どもにいい指導をしてくれているのに、その良さに気づけません。

その一方で、教師がどれだけ夢を語ろう、共有しようと働きかけても、成績の数値が頭から離れない親もいます。木を見て森を見ることができない親です。

このような場合には、夢を語ることをいったんやめて、その子のいいところをまず話してあげる。その上で、「でも、この点については課題があります」と例をあげる。そして、いいところと課題を踏まえた上で、今後どうしていけばいいのかを提案する。中期的展望にもっていくのです。

中期的展望には敵がいません。親だって想像の翼を広げはじめます。「うちの子どもを一流の大学に行かせたいのですが……」と切り出してきたら、「そのためには、それが実現できる高校に行かなきゃいけないんですよね」となるわけです。その子の成績が芳しくなければ「今のままだとなかなか厳しいですね」となってしまうのですが……。

それでも仕方がありません。事実だからです。それならそうときっぱり言えばいい。

成績を上げるためには、読書するとか、日々の授業中の小さなことを積み重ねていくしかありません。塾に通わせたり、家庭教師を雇ってもいいかもしれないけれど、その子がその気にならない限り、いつまで経っても成績は上がりません。それならむしろ、その子の「よいところをもっと伸ばしていきましょう」となるのです。

公教育はサービスではない

「隣のクラスのA先生の指導はいいのに、それに引き換え担任のB先生は……」と平気で口にする親がいます。中にはそういう人もいるというより、けっこういます。担任の教師を罵倒するような「ひどい人だな」と思わせる親もいます。でも、その多くは自分の子どもの成績が心配なあまりに、つい言ってしまうことが多いようです。「隣の芝は青い」ですね。

このような親と対峙した場合には、次のように話をすればよいと思います。「立派な子どもは、実は立派な学習者なんです。教育というと、誰かがしてくれるものととらえられがちですが、実はそうではありません。教師が子どもを育てるわけではなくて、結局は子ども自身が自分を育てていくのです。そのような意味では、教師は単なるきっかけにすぎません。もしお父さんお母さんが担任のB先生を『ダメな先生だな』と思うのなら、その先生を見返すような成績を取れるようにがんばってみてはどうでしょうか」と。

その親が、消費者意識というか、「子どもを学校に通わせて、いい教師からいい授業を受けられるのは当然のサービスなんだ」という意識であるならば、上記のように言っても納得はしないかもしれません。そうした親の意識の根底にあるのは、不公平感であり、市場主義的な目先の損得勘定だからです。

私たち教師も、なるべくいい授業をする必要があるだろうし、そのための研鑽を積んでいます。ただ、いい授業というものは、学力を向上させることに腐心することよりも、まず生きる力を与えるとか、がんばれる力を与えることだと思います。

本来、勉強は自学自習です。「スクール」の語源は「スコレー」というギリシャ語です。「スコレー」とは、「暇」を意味します。そもそも暇つぶしのためにやっていたことなのです。それが経年変化で、自分が何かを身につける場所としての「スクール」となりました。

そのような意味では、時間と余裕を与えることがもともと学習の姿です。誰かに教わらないとダメ、導かれないとダメというのは、本来あまりいい姿ではありません。

基礎となる土台をつくる幼稚園や小学校低学年ならともかく、学年が上がるについて、誰かに勉強を委ねるのではなく自分の勉強にしていったほうが楽しいし、ずっと得です。実際、そういう子のほうが伸びます。

どうしても消費者意識で教育を考えたいのであれば、公立学校には向きません。勉強のできる子、できない子、要領のよい子、悪い子、素行のよい子、悪い子、公立学校には本当に多様な子どもたちがいます。そして、そうした多様性に身を置くから、私立では得難い社会性を公立で身につけられるわけだし、様々な子どもに対応できる指導法を日々研究し実践しているのが公立学校の教師なのです。


消費者意識で考える「いい教師、いい授業」をサービスとして受けたいのであれば、あえて言えば、私立なり外国の学校なりに行っていただくほかありません。

私たち教師は、合い言葉としては「いい先生になろうね」と言い合って研鑽を積んでいますが、子どもをその気にさせることができる先生が指導の上手な先生です。たとえば、今まで好きにはなれなかった勉強が「やればけっこう楽しいじゃん」と子どもに思わせられれば勝ちです。

やり方は個々ばらばらでいいのです。むしろ「マニュアルどおりに、こうすればいいんだ」と思い込むほうがよろしくありません。自分のキャラ違いのことをやってもうまくはいきません。

教師の指導に「こうやらなければいけない」というものはないのです。「自分の持ち味を知り、高め、生かす」。これに尽きるのです。それができる教師が、子どもをその気にさせるのです。

子どもは友達ではない―フレンドになるのではなく、フレンドリーになればよい

子どもと友達になろうとする教師、子どもと友達であることを自慢げに口にする教師。多くはありませんが、たまにいます。これは、まったく褒められたことではありません。

教師は子どもの友達ではありません。そもそも友達にはなれないのです。ですから、友達になろうとしてはいけません。教師と子どもとは違うのです。

学校の外の世界だったら別かもしれません。教師という仕事をしている一人の大人と、とある中学校に通う一人の子どもが、例えば将棋会館で出会って、将棋を指している。そのうちに、意気投合する。二人は友達になれるかもしれません。年の差を超えた趣味友です。

しかし、ひとたび学校生活を共に過ごす教師と子どもということになれば、事情がまったく変わります。

教師と子どもの関係は、教える者と教えられる者です。このことは、突き詰めると、評価する者と評価される者という関係なのです。一方は評価し、もう一方は評価されるという関係です。しかも、通知表という形で一方的に評定までされるわけです。それで友人関係が成立するでしょうか？

関係性にこのような構造があること自体、そもそも友達とは言えません。これと似た構造をもつものとして、師匠と弟子があります。

師匠というものは、どこまでいっても師匠です。師匠を友達だと思ったら、一方的に教えを請うことができなくなってしまいます。教師も同じ。メンターみたいなものです。

師匠からしか学べないこと、友達からしか学べないことがあります。師匠が友達ではないからこそ、「教わる」「学ぶ」関係性をもつことができるのです。

以前『ＧＴＯ』（講談社）という作品を読んだことがありますが、「これはひどい！」と感じました。あくまでもフィクションとして読む分には、確かにおもしろい作品ですが…。

友情と言えば聞こえがよいですが、教師と子どもが『GTO』でいうところの「ダチ」になってしまったら、双方が対等な関係、フラットな関係になってしまいます。そうすると、いざというときに、教師として振るうべき公的な力を振るえなくなります。つまり、指導が入らなくなる。

ある行為がダメだというのは、ある場合には理屈抜きで「おれが『ダメだ』と言ったらダメなんだ」で押し切らないといけない場面が必ずあります。「ならぬことはならぬ」のです。フラットな関係でそれが通用しなくなってしまう。

教師と友達とは次元が違います。お互いに接点はあって、一緒になる部分はあるかもしれないけれど、その「少し違う部分」が決定的で、双方のポジションが違うからこそ、学校という社会生活が実現するのです。

「先生、今日テストやるなんて聞いてなーい。ひどーい！」と子どもたちからブーイング。

「あれ？　言ってなかったっけ？　ごめん、ごめん」と教師が頭をぽりぽり。

「でも、やるよ？」

これって友達の会話でしょうか。友達っぽく見えるかもしれませんが、一方はテストを強いていて、もう一方は甘受しなければなりません。あくまでも「友達っぽい」ではあっても、友達ではないのです。

教師も子どもも眉間に皺を寄せて、笑い声一つない、しーんと静まりかえった教室で、コツコツといったチョークの音だけが響いている。これでは息が詰まります。それよりも、上記のやりとりができるほうがいい場合もある。教師の個性にもよりますが……。要するに、フレンドリーになればいいのです。フレンドではなく、フレンドリー。

友達のような教師は、低学年では必要かもしれないし、学活の時間や休み時間などは、こうした会話もけっこうあります。しかし、教師は友達にはなれないし、なる必要もないし、なってはいけないのです。フレンドリーであるのはオーケー。むしろ、それはよい潤滑油になります。

こうしたことをまったく理解しないで、本当に友達になろうとしてしまう教師が中にはいます。子どものほうがどう思っているかは別ですが、教師のほうは本気で友達だと思ってしまう。すると、何が起きるか。しばしば服務事故が起こります。教師としての目線を忘れてしまうからです。

友達感覚で本気で腹を立てた挙げ句、ごつんっ！と体罰事件。異性であれば、クラスの子に熱を上げてしまって、ラブレターまで送ったりして。挙げ句、自分を制御できなくなってセクハラ……。ちょっと極端な例かもしれませんが、事例として実際に起きているわけですから、笑えない話です。

彼らにしてみれば、本気で子どもと友達になろうとしているわけです。それでいつしか友達よりももっと深い関係を求めるようになってしまって……という思考なのだと思うのです。

高校くらいになると、少し事情が異なってくるようです。美人で（格好良くて）、かわいくて、性格が良く、頭が良ければ、ついつい教師の目線を忘れて惚れてしまう人もいます。相手の子も惚れてくれれば、上手に隠し通して、卒業後に結婚。こうした教師と元生徒という話は、高校ではまれに聞くことです。

教師が何歳であるのか、年齢の問題もあります。新任の教師が23歳、生徒は17歳だったら6歳しか変わらない。どうしたって、子どもの方からは、教師と言うより友達感覚みたいなところがあるし、自分としては教師としてものを言おうとするのだけど、「先生、無理しなくていいよ」と本気で言われたりして、「ごめんなさい」と逆に謝ったりする……。ときには、生徒のほうが、いろいろと世話を焼いてくれたり心配してくれたりします。

20代の教員の特色ですね。正直いつ恋愛ごとがはじまってもおかしくはないわけです。生徒のほうが先生を好きになったりするのは、大いにいいんじゃないかと思うけれど、その反対になっちゃうとまずい。そこは私たち教師は襟を正して、「先生は先生だ」とよほど自覚的に思ってないといけない。でないと、いざ迫られたときに、くらくら〜となって「一緒にどっか行っちゃおうかな」となってしまいます。

お互い人間なので、現実としてそうなることはあると思います。しかし、言うまでもなく褒められる話ではありません。セクハラとなれば、生涯消えることのない心の傷をその子に与えてしまうかもしれないし、当然自分も職を失います。

褒めることは大切。でも、それだけではダメ

褒めていいことは、大いに褒めたほうがいい。ですが、お世辞を言ったりしてはダメ。本当に自分が思ったことでなければ褒めるべきではありません。

しかし、褒めるだけでは、その子の克服すべき課題を指摘できません。その子が少しでもよくなるために必要なことを言うわけですから、課題を指摘できなけ

れば教師ではありません。

「君はいいね、大好きだよ」と言うと告白しているみたいだし、子どもも引きます。恋愛ではないわけですから。

「君はそのままでいいんだよ」と言うのもダメ。その子を少しでもよくしようという試みを放棄しているようなものです。

では、どう言えばよいか。

「君、ここは素晴らしいよ」と褒める。その後、「でも、まだ伸び代があるんじゃないかな？　もう少しこうやると、もっとよくなるよ」と。

叱られてばかりでは嫌なものです。褒めることは大事。でも、その後、もっとよくなるため具体的にアドバイスをする。それが指導というものでしょう。褒めることと課題提示は必ずセットになります。みんなの見ているところでそれを行うとなおよいです。

しかし、問題行動のような叱らないといけない場面のときには逆です。みんなのいないところで叱らないといけません。どれだけ悪いことだったとしても、みんなの前で叱られるのは、その子にとって屈辱でしかありません。

褒めるときはみんなの前で、叱るときは周囲に誰もいない場所で、個人的にやったほうが効果があります。ただし、一対一は気をつけないとまずいです。これは大人同士でも同じことが言えるのではないでしょうか。

上手に叱る――理由を引き出し、逃げ道をつくる

当たり前ですが、感情的に叱る教師を見たら、正直下手だなぁと思います。感情的になってしまうと、「何が」「なぜ」ダメなのかをちゃんと伝えられません。どんなに叱っても、本人が悪いと思わなければ、叱る効果は期待できません。本人が心で格好いいと思っている事柄ならなおさらです。たとえそれが悪いことでもです。

その「格好いいと思っていること」を続けることの将来的な不利益・リスクを具体的に示します。その子の将来を心から慮って叱るというスタンスが必要です。

そのためには、機能と本質という考え方を使い分けて動機を探ることが肝要です。

たとえば、「未成年者がたばこを吸うことがなぜいけないのか」といった場合

の機能と本質とは何か。

まず、機能で言えば「たばこは体に悪い」というものです。確かに悪いですよね。しかし、体にいいとか悪いという問題は、悪いと思えばやめればいいし、大丈夫だと思っているから吸っているわけです。

どちらかというと、これは大人の関心事であって、子どもの関心事ではありません。子どもは自分の健康に絶対の自信・思い込みがありますから、抑止力となりにくいものです。

これを本質で言うなら、「なぜたばこを吸うのか」という点に着目します。子どもがたばこを吸うのは大人の動機とは異なるものがあります。嗜好の方向が違う。うまいから吸うのではありません。たばこを吸うことが格好良いという風潮や考え方、ファッションと強く結びついているからです。

未成年でたばこを吸うということは、社会的にどういう意味をもっているのか。それは犯罪であり反社会的行為でもあるということです。しかし、ギャングエイジではないですけれど、反社会的な格好よさを味わうことが目的であれば、反社会的だと言っても、「だから吸ってるんだよ」というレスポンスが返ってきたりします。

そこで、機能と本質を上手に使い分けて、「なぜ、たばこを吸うのか」の本当の動機を探るのです。

「たばこは体に悪いよ」

「いいじゃん、別に。おれの勝手だろ」

「でも、他のみんなは吸ってないよね」

「知らないよ」

「みんな吸ってないのに、君は吸っているよね。なぜ？」

「なんだっていいだろ」

「教えてよ。格好いいから？」

「そうだよ」

「それだけ？」

「それだけだよ」

「でも、君の年齢でたばこを吸うのは法律違反だよ。それが私たち教師にばれちゃってるんだよ。これからどんなリスクを君が背負わなければならないかもわからないのに、格好いいってだけで、それでも吸い続けるの？」

「…………」

「本当は、他に何か理由があるんじゃない？」

〝たばこを吸う〟というのは、その子が抱える内なる問題の氷山の一角かもしれないのです。心の葛藤とかいろいろあるのかもしれないし、劣等感や悩みもあるのかもしれません。それを聞いてやってもいいのではと思います。

頭から叱り飛ばす前に、なぜそれが起こったのかという理由を引き出すとか、まずよく話を聞かなければだめなのだと思います。頭ごなしの指導では効果が期待できないのです。

「これが正しいから、これを覚えろ」とやればよかった昔もあります。座学がきちんと成立していた時代の話です。しかし、今は知識すら「それがどうした」みたいなことになって、「それって5年後も、通用するのかよ」となったりします。で、現在は未来に通用しないことが本当にあったりするので始末が悪い。そうなっては、教師としても強くは言えなくなってしまいます。

子ども自身が、何が必要かということを判断し、それを獲得して、自分の意思で行動できるようにならないといけない。そのための働きかけを教師は行わなければならないのです。しかし、頭の中ではわかっていても、いざとなるとできない教師は少なくありません。特に、年配の教師ほどその難しさが増したりします。

そのへんのやりとりというか、子どもの中にあるものを引き出すのがとてもうまい人がいます。生活指導で海千山千だったりすると、そのあたりは本当にうまい。

怒鳴っておいてすぐに褒めたりする。追い込んで肝を潰させたかと思えば、急にそこからすっと助け船を出すようなやり方です。

横柄な態度をとっていた子どもがだんだん小さくなっていく。まるでジェットコースターに乗せられているようなものです。「先生にはかなわない、もう素直になるしかない」って気持ちにさせちゃうわけです。

刑事もののテレビドラマの取り調べと似ているかもしれません。2人で囲んで、1人がガーンと言ったら、もう1人が「まあまあ」となだめすかす。

「おまえにもいろいろ気持ちがあったんだよな」で、ホロッと。

「でも、おまえだって、先生の言ってることもわかるだろう」

「はい……」

ここまでくると、もう絶妙なボケとツッコミですね。

上手に叱るというのは、ガーンと叱ったら、そのあとちゃんと救ってやる、落としどころを見つけてやる、最後まで追い詰めない、逃げ道をつくってあげる、ということだと思います。

ガチンコ対決を避ける――人と人との間に「触媒」を入れる

私は長い間地域運営学校（コミュニティ・スクール）にかかわってきました。それで思ったのですが、コミュニティ・スクールは、地域の教育力を活用するといった本来の機能とは別に、学校・教師と親とのガチンコ勝負を回避するという機能があるということです。

教師・学校と家庭という関係だと、何か問題が起きると、当事者間で解決しなければなりません。しかし、コミュニティ・スクールだと、教師・学校と家庭の間に地域という媒介物が入ってきます。こうした第三者の存在が、非常に大きな楔《くさび》となります。

化学の世界で言うと触媒みたいなものです。触媒とは「特定の化学反応の反応速度を速める物質で、自身は反応の前後で変化しないもの」を言います。これと人間関係に置き換えて考えることができるのではないでしょうか。

いわゆる「モンスターペアレンツ」を例にすると、学校・教師と親という二者間の関係で対応しようとすると、結局は学校・教師のほうが譲歩せざるを得ないことが少なくありません。たとえ理不尽な要求であったとしても、「モンスターペアレンツ」圧勝みたいなところがあるわけです。

しかし、そこに地域の人という第三者、すなわち媒介物、触媒が入ってきたりすると、モンスターペアレンツのほうが遠慮して、自分の出した手を引っ込めるということがあるのです。

親は地域に所属する人たちの一人です。学校・教師の関係では強気に出られても、地域社会にも人間関係があって、たとえば地域の人には逆らえないという関係性があります。

以前、実際にあったことですが、地域の世話人が私のところに遊びに来ていて一緒に茶を飲んでいたら、突然親の一人が怒りに身を任せて飛び込んできたことがあります。

最初は、すごい剣幕で「あの教師はどういうつもりなんだ！」と話しはじめたのですが、その席に世話人がいることにふと気づいて、急にしどろもどろになってしまったのです。「いや、あの、えと、まさかAさんがいらっしゃったとは……ごにょごにょ」と。

その世話人が「Bさんの言い分もわかりますが、ちょっと冷静になりましょうよ」などと相の手を入れてくれたものだから、怒鳴り込んできた人もすっかり冷静になってしまい、三者で話をして穏便に事が済んだのです。

従来の学校でも地域とのつき合いは大切にしますから、似たようなケースはあると思います。しかし、コミュニティ・スクールでは、日常的に（頻繁に）地域の人が学校の中に入りますので、こうしたやりとりがより円滑に行えるのです。

結婚で言えば、かつて仲人が似た機能を果たしていたと思います。お見合いでもすぐだめになったりしないで、問題を抱えながらもうまくいったのは、「仲人さんの顔を立てないと」という意識が働いていたように思います。

仲人さんとは、すなわち親族ではない実社会で利害関係のある人です。安易に別れてしまえば信用を失い、自分たちに大きな不利益を及ぼす可能性があるので、軽々なことはできない。そのような触媒（装置）として機能していたわけです。

今の時代では、そうした触媒（装置）を慣習でまかなうことができなくなってしまいました。そこで、コミュニティ・スクールというシステムで代用するということがあってもいいと思います。

ほかにも、学校と家庭の間に、今後媒介物として、たとえば保険業界が参入するということもあるかもしれません。

学校・家庭双方がお金を出して、それぞれ「学校トラブル保険」みたいなものに加入する。何か服務事故なり、クレームになるような出来事があったら、学校に直接申し出るのではなく保険会社に連絡する。交通事故のときのように、事故を起こした人と被害者が直接話をするのではなく、それぞれに加入した保険会社同士で決着させるという仕組みです。訴訟保険もあるのですから、いつかそんな時代が到来するかもしれません。

いずれにしても、どのような媒介、仕組みであるかにかかわらず、今後第三者のようなものが大事だと思います。当事者間で直接的にやりとりするのではなく、媒介的存在を活用するということです。

第４章

それでもうまくいかなくなったら…

本当に心が折れそうになったら「い〜ち、抜〜けた」

冒頭で紹介した文部科学省の報告でもわかるように、精神疾患を理由に休職し、復職後もうまくいかず、教師の仕事を辞めてしまう人が多いのです。

鬱病などに罹る教師は、まじめで誠実な人が多いものです。逆に言えば、無責任な人で悩む人は、あまりいません。誠実であるから、かえって自分を追い詰めてしまう危うさがあるのです。

私も、ある職場で、精神的に危なくなった時期があります。そのときは医者に相談し、私は思いきって休みを取ることにしました。

本当に心が折れそうになったら、「抜けたり」「降りたり」「休んだり」することがとても大事なのです。子どものころの遊びでよく口にした「い〜ち、抜〜けた」です。これは、人生を生き抜く上で重要な戦術の一つと言っても過言ではありません。

できないことをやろうとしても、そもそもできないことだから、結局できないわけです。そこにどれだけ力をかけても消耗するだけです。どうにもなりません。

「ちょっと休みます」

「1週遅れでいきます」

これでもいいのです。

私の周囲にも、キャリアの中に病気などでちょっとしたブランクをつくっている人は結構います。むしろ、そうしたブランクを経て、いい意味で肩の力が抜け、かえっていい仕事をしていたりします。

逆に、無理してがんばり抜いて全うしたことで、文字通り早く亡くなってしまう人もいます。苦しい苦しい深海を泳ぎ続けて、急にふっと楽な水位に戻ったりすると、そのギャップに人は耐えられません。ツケが回ってきてしまうのです。潜水病のようなものです。

職歴に応じた仕事への取り組み方というものがあると思います。それは、キャリアが上がるにつれて、より高度な仕事をしていくというだけではなく、がんばりすぎなくなる、ときに肩の力を抜くということです。そんな取り組み方もあるのです。

努力を苦痛に感じなくなったら……

どんな職歴でも、最初のころは、そもそも仕事を覚えることに精一杯だし、ある程度仕事を覚えたら、それを使いこなせるように、あるいはさらなる飛躍に向けて応用を利かせることができるように、それこそ寝食を忘れて努力を積む苦しい時期を経なければなりません。

しかし、いずれそうした努力を「苦しい」と感じなくなる時期がきます。そうしたら、今度は逆に自分の仕事量や仕事への取り組み姿勢を見直し、調整する時期に来ていると考えて差し支えないでしょう。まじめな教師にありがちなことですが、その時期に継続してがんばりすぎてしまうと、心と体にとんでもないストレスを与え、大きなダメージにつながる場合があるのです。

一定の段階に来たら、いかにして自分の仕事を減らしつつ、肩の力を抜いて、ゴールに向かうかを考え、実行に移すことが大切です。

「逃げ道」を用意する

小さいころは、多かれ少なかれ自分が帰属できるいくつかの集団や場をもっているものです。その最たるものが家庭だろうし、学校や地域もそうです。また、親や親戚、教師、地域のおじさん、おばさんといった大人との関係、クラスメイトや部活、趣味友といった子ども同士での関係などかかわり方も多様です。

それが、大人になり、親元を離れて一人暮らしをはじめ、仕事に追われる環境に身を置くようになると、自分が帰属できる場が職場のみとなってしまいがちです。これは、実はとても危険な状態です。自分が唯一帰属する集団で悪い風が吹きはじめたら、どこにも逃げ場がないからです。

ですから、帰属集団は一つではダメです。複数もっておく必要があります。しかも、それは心と体の調子のよいときに、あらかじめつくっておかなければなりません。スポーツや文化系など、趣味を共有する集団でもいいし、ボランティア活動や地域活動などでもいいでしょう。

職場とは異なる何らかの集団に帰属するためには、好奇心と時間を必要とします。また、何よりパワーが必要です。体調を崩してから、自分の中からそうした力を引っ張り出すことは不可能に近いからです。

もちろん、帰属集団を複数もっていれば、「こちらがダメなら、あちらで」と気持ちを切り換え、いったん待避させることができます。

そうした帰属集団が、職場での問題自体を解決してくれるわけではありません。しかし、問題を解決しようという意欲を自分に与えてくれます。すり減った心では問題をとらえ解決することはできません。

できれば、職場でのつき合いとは異なる友人や知人をたくさんつくることです。必ずしも同年代である必要はありません。気が合う人は、年齢とは関係なくなんとなく気が合うものです。

むしろ様々な業界、様々な年齢の人たちといったように、多種多様であるほうが望ましいものです。その交友を通して、たくましく生きることが可能になったり、心に大きな余裕をもったりすることができます。心に余裕をもてると、職場での自分の立ち位置が安定します。

自分が職場で困難な状況に陥ったとき、職場以外に帰属集団をもっていないと、不思議に「い〜ち、抜〜けた」とはなれません。なぜなら、その帰属集団から本当に「いち抜け」してしまうと、それこそ自分がひとりぼっちになってしまうからです。そんなことは、とても怖くて選択できるものではありません。

人間関係が固定化してしまい、それがすべてとなると生きていくための選択肢がなくなります。逆に、複数の帰属集団をもっていれば、割と簡単に「まっ、いっか」と、ここでは思うことができます。だからこそ、職場で自分の解決困難な問題が起きたときに、「抜けたり」「降りたり」「休んだりする」ことができるようになるのです。

休みを取ることをためらわない

心が疲弊してしまったら、しっかり休みを取ることです。ときにめいっぱい年休をとって休む。実は、とてもむずかしいことですが……。

休むことを罪悪のように感じてしまう教師が多いです。まじめさが売りの教師ですから、特別にそうでしょう。「学校を休むと、他の先生に迷惑がかかる」と気に病んでしまってなかなか休みをとれない。

しかし、迷惑というものはお互いさま。無理して休まないで病気になってしまったら、それこそ周囲に迷惑をかけてしまいます。病気に至らなくても、出勤してきて1日中暗い顔をされていたら、それはそれで周りは迷惑です。だったら思い切って休んだほうがいいのです。自分の中で「1回降りた」という気持ちをもつことが大事です。生き延びるためにも、教師として周囲によい影響を及ぼすためにも、心と体が健康で安定していなければなりません。

実際に休んでみる

長期の休みでなくても、「ちょっと良くない気配があるから、1日だけちょっと休んだほうがいいんだけど」といったことは誰にでもあると思います。しかし、学級を受けもっていたり、授業があったりするのは自分だし、ちょっと休むということが、精神的にも実際上もきわめてむずかしいのが教師の職場でもあります。米国のような代替教師もいませんから。

しかし、休めるときには休んだほうがいいに決まっています。年休を使ってもいいし、授業の振替という手もある。まあ、授業の振替だと次に出勤してきたときが大変ですが……。

実は私は、ときに自習だって悪くないと思います。たまにはいいのです。

「今日は梅ちゃん先生がお休みなので、代わりに来た校長の吉田です！（キリッ）」。

「おー」子どもたちからどよめき。

「早速、小テストをやりまーす（シャキーン）」

「えーっ！」全員どん引き。

「それなら、国語をやります（ニヤリ）」

「……だったら、小テストでいいや」

こんなやりとりだったら、自習も悪くないのでは？　たまにだったらそれもいいですよね。

代わりに来た先生が、校長だったり副校長だったりすると、子どもたちにとってはけっこう楽しかったりします。非日常が生まれますから。

「休むに休めない」という心情にいたるのは、誰かから「休むな」と具体的に厳しく釘を刺されているわけではないと思います。自分に対する周囲の視線を勝手に慮って、「きっとみんなそう思ってるに違いない」とお互いが思い合っているとき、そんな雰囲気が醸成されるのです。

そんな無言の同調圧力の正体は、実はただの思い込みにすぎなかったりするわけです。だから、自分自身が肉体的・精神的に不穏な気配を感じたら、ちょっと休む。そして、出勤したら「昨日は、申し訳ありませんでした」と素直に謝罪すればいい。たとえウソでも「ちょっと本当に調子悪くて」と言うのです。

「次は私が代わりますから、体調が悪いときは先生もどうぞゆっくり休んでください」とつけ加えるのもいい。それで、たいてい済んでしまいます。お互いさまですから。本当は家で子どもと遊んでいたとしても、誰もわかりません。

決してばか正直に「実はさぼって……」などと言ってはいけません。正直さが裏目に出ることはよくあります。自分にとってまずい状況になるだけではなく、せっかく周囲は許そうという気持ちでいるのに、許すに許せなくなる。それこそ相手も迷惑です。周囲の気持ちに応えるためにも、許される言い訳をすればいいのです。

本当に体調を崩したのか、仮病なのかは、周囲にもなんとなくわかるものです。しかし、「体調が悪かったんです」と言えば、「まあそれなら、しようがないよね」とお互いにオーケーになってしまうわけです。

これも一つのゆとりや遊び心だと思います。お互いに少し遊びがある。だから、言い訳も許し合えるのです。それを楽しむくらいでないと、職場や人間関係がギスギスしてしまってお互いによろしくありません。同じ手を使って休みばかりをとり、周囲の許容範囲を超えてしまうものでなければいいのです。

逆に、頭ごなしに「先生、子どもの学力が落ちてしまうし、授業時数を下回ってしまうから、1日も休まないでください」などと言う人がいたら、ただの融通の利かない嫌われ者です。そんな人は相手にする必要はありません。

私は国語科が専門ですが、正直授業時間が1時間や2時間増えたからって、国語の力が飛躍的に伸びることはまずありません。学力向上はそんなに甘いものではないのです。

同僚・上司との関係がどうにもならなくなったときの奥の手

もし教師を続けていくことがどうしてもできないような職場関係であったなら、取れる手は次の3つです。

①嫌な同僚や上司がいなくなるのを待つ（ひたすら我慢）
②職場を替える（異動）
③仕事を替える（転職）

この中で、②の「職場を替える」（異動）が比較的有効です。タイミングを見計らって、異動願いを出すことです。私立等でも大きな学校は別ですが、公立学校では効果的に使えるとっておきの手です。

私たち教育界では、「異動は最大の研修」という受けとめ方をする文化があります。異動願いに対しては理由が聞かれますが、どんなに優秀な人であっても、「どうしても残ってほしい」と慰留されることは、よほど特別な事情があるときです。多くの場合、「出たい」と申し出れば（いくつかの条件を満たせば）出してもらえます。それを利用しない手はありません。

私たち教師は、上司や同僚を選ぶことはできませんが、換えることはできます。いつまで経っても上司や同僚が替わらなければ、自分が替わればいいのです。

ただし、どこに異動するかは選べません。島嶼・へき地に行くことになったり、学校種が変わってしまったり、異動した先の上司が今までの上司とそっくり……いや、それ以上に困難な人だったりするかもしれません。

そのようなリスクはありますが、異動すれば、新しい職場に行くことが可能です。先の見通しの利かない一般社会の転職よりもはるかにリスクは小さいと言えます。校種が変わっても、学校の仕事は基本的に子どもを育てることですから。

上手な異動願いの提出法

教師の仕事は、ざっくり言って3年が節目です。3年間は我慢。しかし、その節目を過ぎ、いくつかの条件を満たせば、割と簡単に異動できます。たとえば、3年勤め上げて卒業生を送り出した。この節目はほとんどオッケーです。割とすんなり異動できます。

その際、「本校ではたいへんすばらしい勉強をさせていただきました。異動は最大の研修と申しますので、ぜひ新しいチャレンジをさせてください」と申し述べればよいでしょう。

もし強く慰留されるようなら、それは校長の経営方針との関係で、あなたがどうしても勤務校に必要な人だからです。そのときには「実は……」と異動を希望したあなたの本当の理由を話してください。

いざとなったらリセットする・その①

私はかつて周囲からの期待に応えるために、それこそ自分を省みず、身を粉にして一所懸命に仕事に取り組んでいた時期があります。その職場で5年目を迎えたころのことです。職場に行こうと思っても、気持ちが萎えて起き上がることすらできなくなってしまいました。そして、次第に休みがちとなりましたが、すると、今度は本当に腰痛など物理的に体がおかしくなってしまいました。

心身ともに疲れ果ててしまっていたのです。私は、病院へ行って体調不全の診断書を書いてもらい休みをとることにしました。「病は気から」は真実です。

長期の休みに入る際、一点だけ頭に入れておいたほうがよいことがあります。それは、病気になってしまった人は、異動させることができないという点です。精神疾患も同様です。

病気を理由に休職した場合、体調がよくなったら（たとえ現任校での人間関係が病気の原因であったとしても）、その職場に復職しなければなりません。

病気を理由に休職したわけですから、復職先を他校にしていいはずはありません。当然と言えば当然の話なのですが、精神疾患の場合、当の本人には厳しい局面を迎えることになります。復職したものの職を辞してしまう教員が多いのも、このあたりに原因があるのかもしれません。

しかし、病気は自分をリセットする大きな節目ではあるのです。

いざとなったらリセットする・その②

復職しても難しいようであれば、1回教師を辞めて静養に専念することもできます。そして、しっかり心と体を回復させた後、人材不足の都道府県を調べて再び教員採用試験を受けるという方法もあります。私立の学校を狙うのも手です。

世間で一般に言われるほど、教師は潰しの利かない職業ではありません。例えば、静岡県で国語の教師をしていて、なにがしかの理由で辞め、その後東京に来て教員採用試験を受けて東京の教師になる、ということは十分に可能です。辞めた理由がたとえ精神疾患だったとしてもです。

実は、私が知り合った人の中にも、そういうケースが実際にありました。病気を克服したことをしっかりアピールし、明るく朗らかに面談できれば、採用に何の問題もありません。

現在の教員採用試験では、自己都合による退職であればあまり過去を問いません。精神疾患も立派な病気であり自己都合です。不法行為による免職とは違うのです。ですから、それだけで決して自分の人生に味噌がついたなどと考える必要はありません。

挫折は必ずしもマイナスポイントではないのです。むしろそこで培った人生経験を子どもたちの教育に役立てたいといったポジティブな姿勢で面接に臨めばよいのです。実際、私の知り合いは、次の年に採用されました。

退職する（異動する）コツ

辞めると決断したのなら、できるだけ早くスパッと辞めたほうがいいと思います。しかし、どのような辞め方をするかについては細心の注意を払ったほうがいいでしょう。まず、年度途中の退職は避けたいものです。学校や周囲に迷惑がかかります。

辞めてしまえば、二度とかかわることのない人たちだと決めつけて「こんなところ二度と来るものか」のように辞めてしまうと、後でしっぺ返しがきたりします。これは不思議なもので、本当に後でそのようなことが起きてしまうことがあるのです。

そこで、「辞めてもその後、お友達になりましょう」という感じで丁寧に挨拶して辞めたほうがいいのです。

学校を異動するときも同じです。「ここでたいへんお世話になりまして、ものすごく感謝しています」と、うそでもいいから言って、「でも、ここではできなかったこともあるので、次のところでがんばりたいと思います」と挨拶して学校を後にする。こんなこともコツでしょうか。

本当はいろいろなひどいことがあったから辞めるのだけど、そんなことはひとつもなかったかのように挨拶して、表面上はｗｉｎ－ｗｉｎの関係で別れるのが退職や異動のコツです。よりよく生きる秘訣でもあります。

人生の決定権は常に自分にある

「人生に翻弄される」という言い方があります。しかし、人生そのものに翻弄されているわけでは実はありません。

厳しい現実が次から次へと自分の前に立ちはだかる、ということはあるでしょう。しかし、それは、どんなに苦しい人生でも自分が選んだ様々な選択の結果であるからです。あたかも自分では何も選んでいないのに、ひどい状況ばかりが自分のみに注いでくるように考え出すと、打開策を見いだすことがより困難になります。たとえ、誰かや何かに選ばされたように感じる選択であっても、結局は自分が決めているということを強く意識したいものです。

人生の決定権は常に自分にあるのです。この感覚が人生を生きる上でとても大切なのだと思います。

第5章

本筋とはちょっと外れた学校という職場の話

学校を取り巻く時代の変化

今の世の中では、いわゆるノーマルというか、スタンダードと言えるような人が、以前のようには支持されない時代になってきたようです。逆に、昔の価値規準からはちょっと外れた人、いつも新しいことを考えているようなおもしろい人が評価される時代になりつつあると思うのです。

おもしろい時代であると思う一方、これまでよかったとされていたこと、正しかったことが、もはやそうであるとは限らなくなり多少の混乱があります。前例をしっかり踏襲していくという手法が通用しにくくなっているのです。

本来、新しいことに挑戦する進取の気性も、先輩たちが築いた事柄をしっかり継承していくという姿勢も、どちらも大切なことでしょう。

中央教育審議会も、平成8年の答申で、教育の「不易」と「流行」の重要性を提起しています。しかし、現在は「不易」より「流行」への迅速な対応が、より重視されているように思います。

ベテラン教師が受けもっていた学級が崩壊してしまうとか、学校と一緒になって子どもの教育にあたるはずの家庭が、学校の反対勢力となってしまうとか、既存の常識や知識とは異なる現状が生み出されているのも、こうした時代性と無縁ではありません。

しかし、昔も、前例踏襲だけでよかったわけではありません。従来の在り方を抜本的に変えなければならない局面に対応しなければならないことはいくらでもありました。そうした変化に対応できなければ、組織であれ何であれ停滞し、いずれは疲弊してしまいます。これは昔も今も同じなのです。

この世の中で、既存の何かが「更新（アップデート）」されないものなど、おそらくありません。更新されなければ消えていってしまうからです。

問題は、変化への対応の時間です。「更新時期」（サービス等なら「賞味・使用期限」）がどんどん短期化しています。変化そのものへの対応が難しいばかりでなく、更新時期が短く厳しいものになっていることが、様々な難しい状況、常に追われているような感覚を生み出しているのではないでしょうか。

だからといって、「不易」なものが廃れてしまうわけではありません。時代の流れが速ければ速いほど、かえってそれに逆行する流れが生まれます。変化の時代にあって、むしろ古くからある良いもの、古典的なものが価値を高め我が身を助けてくれることも少なくありません。

例えば、ことわざのようなものは、今なお生きた英知です。更新間隔が短くなっているからこそ、逆に「失敗は成功の元」「人生万事塞翁が馬」といったことが頻繁に起きていると言えます。

実は、私も長い教職生活を終えるので、次の方向を探しているところです。思うようにうまくまとまらないこともあります。先が決まらない面もあります。しかし、「残念だな」「がっかりだな」とは思いません。何が良くて何が悪いかよくわからないのです。ですから、とりあえずどんどん挑戦し続けることで、自分としての「成功」を得ればよいと考えているのです。

こうしたことは、若手の教師にもベテランの教師にも言えることです。子どもにもよく話しますが、先行き不透明な現代では、もはや世間が認めるよい学校、よい会社へのレールを進んでいけたからといってけっして安泰ではありません。

見通しの利く安定的な社会では、既定のレールを守ればよく、それを外れることは非常に大きなリスクを伴います。一方、先行き不透明な時代にあっては、信用に値するレール、つまり安定的な制度や前例がそもそもなくなっていくわけですから、ほかのレールを選び進めばいいのです。

また、よさそうなレールがなければ自分でつくればいい。すなわち、チャレンジすること、トライ&エラーが効果的な時代、言わば失敗が許される時代だということです。

古くからあるものが、すべて新しいものに淘汰されるわけではありません。むしろ新しいものに晒され、それらとの対比の中で、壊れそうになりながらも何度も形を変えて命が吹き込まれることで、「不易」なものはよりいっそう洗練されていくものなのです。

いわゆる「古典」というものはそのようなものなのです。

学校に抱く常識は、今の非常識

学校は、誰にとっても馴染みのある場所です。日本では、学校に通ったことがない人はいないでしょう。しかし、それは自分の通学していたころの昔の学校を知っているのであって、今の学校を知り、経験しているわけではありません。ここが曲者なのです。

「学校ってこんなものだ」と、みんながよく知っているように思っている。しかし、その学校はもはや過去のもの、架空のものなのです。「私のとき、学校はこうだった」といった知識や経験を引きずっているだけなのです。

本来、学校に対して抱くイメージは、国や地域によって、そして世代によっても千差万別のはずです。今の日本の学校とそれとは必ずしも同じではありません。このイメージ・ギャップが、時として大きな軋轢を生むのです。

今を生きる世の中のよいところだけをつまみ食いした上に、昔の学校の印象を乗っけてしまうから見方がおかしくなるのです。嫌な言葉ですが、いわゆる「モンスターペアレンツ」などはその最たるものです。

家庭の多くが公教育をソーシャルサービスだと思い、サービスを受ける消費者となってしまった現在、学校に昔のイメージを抱きながら、消費者としての今の時代の欲求を満たそうとすれば、問題が起きないはずがないのです。

今の学校は昔の学校ではありません。外からではその違いは全然見えないので、たとえ同じように見えたとしても、実はまったく違うものだと考えなければならないのです。

教師自身も、そのことをよく理解しておく必要があります。「昔、許されたことも今はダメ」「昔ダメだったことが今は当然」ということもあるのです。

学校も社会環境の変化に適応する

私は長く教師をやっていますが、昔と今とではずいぶんと職場環境が変わりました。

かつて「学校の常識は、社会の非常識」と言われました。しかし、それはもう昔の話。むしろ学校の常識は、社会の常識にどんどん近づいてきています。やがて同じものになり、それを追い越すかもしれません。このことは良い部分と悪い部分の双方を含んでいます。

かつては、社会のルールで弾かれた事柄を、学校が教育的見地から守るといったことが通用しました。学校が子どもや保護者にとって、ある種の聖域や逃げ場となれた面もありました。「学校だから許される」ということです。

しかし、現在では、社会で通用しないことは、学校でもおよそ通用しません。

このことは、実社会の厳しさが学校にそのままもち込まれてしまったことを意味しています。

誰がもち込んだのでしょうか。社会や保護者、教育委員会、あるいは学校自体が自らもち込んだのかもしれません。今では、まさに学校は実社会の縮図そのものなのです。

一方、学校には、昔も今も変わらないところがあります。

教師は、子どもを教育する、いわば職人のような存在です。この点は、昔も今もあまり変わってないし、変わってはいけないところです。その本質に変わりはないのですが、職人としての技法はずいぶんと様変わりしました。昔はノミやかんなを使って一つ一つ手づくりしていたものが、今はすっかり電化されＩＣＴに代表されるような、ハイテク技能に変わろうとしています。

黒板とチョークから、ホワイトボードとボードペンへ。そして、今や教室用コンピュータやデジタル黒板、タブレット端末が登場し、すぐにデジタル教科書などを活用する時代になることでしょう。そうした機器を十分使いこなせないと、早晩授業もままならなくなります。

また、昔は、外部人材の登用は授業のおまけのようなものでしたが、これからは学校が中心となって、地域人材やその道のプロを積極的にコーディネートしていかなければなりません。その先駆けが英語科のＡＬＴです。外部人材の学校への活用は、今後拡大していくことでしょう。

学校に求められる役割が変われば、学校にかかわる人々の姿も変わります。そうなれば、学校への見方やとらえ方も多様になる。今後ますます学校という職場環境は複雑になっていくことでしょう。

学校の外側にいれば、学校への固定的なイメージが邪魔をしてその変化に気づきにくいし、教師として学校の内側にいれば、（２、３日で劇的に変化するわけではないので）その緩慢な変化に教師自身も気づいていないということがあります。まさに学校は水から沸かされて、茹で上がるカエルのような状況です。

そうした変化に気づくためには、教師自らが外部の人々と交流をもつとともに、外部の様々な人々が学校の行事や経営に参画することが必要です。

すると、お互いの常識がぶつかり合って「あれ？」ということになる。ケンカになってはいけませんが、お互いの思い込みを出し合うことで、様々なヘンなことにお互い気づけるようになるわけです。現実の教育や子どもにどう向き合うかも協議することになります。コミュニティ・スクールを設置しているような学校だと、自ずからそのような変化に敏感であるだろうと思います。

教師の指導方法も時代とともに変わる

昔は、地域の中で様々な場面で見知らぬ大人が本気で子どもを叱り飛ばしていました。悪さをしたら、げんこつがとぶことも当たり前でした。実は私も子どものころ、鍬《くわ》を振り上げた地域のおじさんに追いかけられて、本当に死ぬかと思うような怖い経験があります。そのような経験は年配者には多いことでしょう。

こうした経験のよい面だけをみれば、自分の行った悪さと、死ぬかと思った恐怖が結びついて、容易には悪さをしようとしなくなったともいえます。しかし、こうした手法は、現在の世の中ではまったく通用しません。今の社会状況や空気の中では、法令によるまでもなく、昔でいうところの「ビシビシと教育」は体罰とみなされ、暴行や暴力になってしまうので、できるはずがないのです。

だから、今の子どもたちは、見知らぬ人から厳しく怒られた経験をもちません。そのため、教師の厳しい叱責や怒鳴られたことに対して、ものすごくネガティブな反応をします。保護者もそうです。「親だって怒鳴ってないことに、何で先生が怒鳴るんだよ」と、教育委員会や市区町村の相談所に連絡したり、匿名で抗議したりします。

こうした点は、本当にドラスティックに変わっています。学校に対する「もっとしっかりやれよ」という声にしても、「しっかり」のイメージが異なるので、学校としてはやりようがないことも少なからずあります。

教師側は、「昔の学校とは違うんだぞ」と言いたいのですが、保護者や地域の方はそれがわかっていないので、なかなか話が通じない。学校への期待値が高い割には、現代の学校のことをよくわかっていないのです。

これは教師に対しても同じことが言えます。教師自身も、かつては学校に通っていた子どもですから、彼らなりに学校や授業のイメージをもっています。「先生にはよく殴られたけど、不思議と許せたよなぁ」とか、「体を張って諌めてくれた」とか。今ではノスタルジーです。

昔の肯定的なイメージはもっていてもよいですが、自分の在職している現在の学校にそれを当てはめようとすると失敗します。服務違反になります。

どんな言い訳がたとうとも、周りの保護者からどれだけ容認されていようとも、現在の学校では、絶対に体罰をしてはいけません。いったん体罰が表面化すると、当事者である子どもに怪我がなくても、その保護者が容認しようとも、必ず責任問題に発展するし、他の保護者や地域からの信頼を失います。

体罰は、いかなる場合も暴行や暴力であるということを忘れてはいけません。当事者である教師だけの問題にとどまらず、学校全体として平素の教育活動を裏切る行為となります。これは、他の組織でも同じことです。

かたや文部科学省の調査でも明らかなように、子どもたちによる教師への暴力行為が大きな問題になっています。こうした暴力により、肉体的のみならず、精神的ダメージを受け、教師を辞めざるを得なくなった人も少なくありません。

正直な話、昔は生徒指導部が中心となって、子どもの暴力には、暴力ないしは恫喝的行為で対抗していました。文字どおり「やられたら、やり返していた」のです。現場にもよりますが、そういう人間関係が暗黙の了解として、学校社会にはあったのです。

昔、ナイフを持った子が「明日、学校で暴れてやる」と言ってきたことがあります。そこで、私は腹にさらしを巻き、決死の覚悟でその子のもとに行って正対しました。いわば「タイマン」を張ったのです。

幸い殴り合いには発展せず、威圧だけで事が済みました。しかし、そんなことが日常の中で不意に起こるような時代でした。学校だけがもっていたある種の社会的人間関係でした。

あまりよいことではなかったのですが、その子と30年ほど経って同窓会で再会したときのことです。

「先生、あのときのこと、覚えてる?」と聞くので肯くと、「あのときの先生は、とてもかなうような存在じゃなかった。オーラが違ってたぜ」と言うのです。「いやいや、おれだって命がけだったんだ。そういう雰囲気だったろう?」と私が言うと、「あのとき、先生の迫力におされ、こりゃとても勝てないと思ったから、素直にごめんなさいをしたんだ」と彼は笑いながら言うのです。「俺も悪かったからな」と。

こうした経験と似たようなことは、ベテランの教師なら少なからずもっています。しかし、お互いに懐かしい思い出として、かつての教え子と話す分には差し支えありませんが、これをあたかも教育上の成功体験であるかのように思っているととんでもないことになります。けっしてよいことではないからです。

このようなことは、今の学校では絶対に許されません。暴力の行使を前提とするからです。では、いったいどうすればよいか。どのように教師は自分の身を守ればよいのか。

方法はいたってシンプルです。それは法的手段に訴えることです。

これも、昔とは大きく異なる点の一つです。昔は、子どもの素行不良を学校が警察に委ねることを極力避けてきました。もしそんなことをすれば「警察に子どもを売るのか」と、学校の外と内の双方から突き上げられたのです。学校は聖域だったからです。

しかし、今は、（子どもへの適切な指導のためにも）外部機関に委ねるべきことは委ねないとやっていけません。それが、「教師を殴ったり、ケガをさせたら、ただじゃおかないぞ」という子どもや保護者への明確なメッセージになるからです。社会が暴力を否定しているからです。だからこそ、体罰も絶対に許されない暴力となるのです。

昔も今も、私たち教師が手をこまねいて何らやり返すこともせず、ただ子どもの暴力に泣き寝入りしてしまっては、指導はできません。そして、子どもたち自身の将来にも禍根を残すことになります。

毅然とした対応策や手段は昔とは変わりました。しかし、子どもを教育するという本質は何一つ変わってはいません。一般社会からみたら当たり前のことと笑われるかもしれませんが、殴られたら教師として強い気持ちでそれを許さず、むしろ子どものためにも被害届を出すことが必要なのです。

このことは教師の心の問題を考える上でも大切です。何か問題が起きたからといって、教師は何もかも自分のせいだと決して思い込んではいけません。

教師個人のマンパワーで事にあたる時代はすでに終わりました。いわばチームで対応しなければならないのです。何かあったら、自分の中に抱え込まずに、上司・先輩に相談し、共に対応策を考え、もし学校の手に余るようだったら、躊躇なく外部の関係機関の手を借りるべきなのです。それが聖域ではなくなった現代の学校の新しい生活指導なのです。

隠蔽体質のメカニズム

学校は隠蔽体質をもつという人がいます。確かにそのような面もあります。しかし、それは何も学校に限ったことではありません。どのような業界であっても、組織である以上そうした体質と無縁ではありません。なぜなら、組織が生き延び機能するために、その内側に留めて置くべき情報というものが必ずあるからです。

こうした情報のうち、外側に出さなければならない局面になると、すなわち事件や事故が起きた場合の対応に失敗したとき、隠蔽があったと糾弾されます。それが自分たちの身の安全を守ろうとする保身の末の行動と見なされれば、状況はより深刻化します。

しかし、教育機関、警察機構などの高度に公共性が高い職場では、民間企業とは比べものにならないくらい取扱いの難しい情報が数多くあるのです。

それらを外に出して良いか否かの線引きが難しいのです。もしその判断を誤れば、社会問題化してしまうわけです。だから、学校が、他の業界に比べて、特別に隠蔽体質があるというよりも、内に秘めておかなければならない教育に関する個人や組織の情報の取扱いが、きわめて難しい職場であるということなのです。

公立学校という日本の教育システム

日本の公立学校には、独特のシステムがあります。まず義務教育ということから考えると、国家・社会の形成者を育成するという社会の要請から生まれた制度としての学校という顔。それともう一つ地域の中の学校という顔です。

義務教育は地域の中にあります。特に、小学校では地域との関係は欠かせません。低学年になればなるほど保護者や地域の関与など、相互の結びつきが大きくなります。

中学校の場合も、かつては高校のような存在でしたが、現在は地域の中の学校という側面が大きくなりつつあります。地域との関係がいっそう強くなっているのです。

今後どちらの方向に行くのかと言えば、制度面では変わらないものの、間違いなく地域と一体型の学校になると思われます。

高校は一般に全学区制だから、そもそも地域がありません。地域との関係が悪くなると、様々な問題が出てくるので一定程度地域に配慮し、ときに地域とつき合いますが、子どもたちは必ずしも地元から来ているわけではなく、地域とは違う形で独立しています。

義務教育の場合には、地域との関係をより緊密にする地域の学校を目指すのか、それとも高校と一体となり、中高一貫校のような独自の進学校を志向していくのかにより、学校内外の人間関係が全く異なるものになると考えます。ある意味で、それは私立の学校です。私個人は、今後、一般の中学校はますます地域との関係を深めていくだろうと思います。

前述のように、日本の公立学校というシステムは、特に小学校の場合、非常によく機能していました。これは世界に比類ない教育システムであるので、大切にしたいところです。中学校においても、学校の教育力を高めるために、地域との協働関係を構築していくべきだと思います。

学校の組織は鍋ぶたではない

若いころには、とかく成果を焦ることがあります。私も焦っていた時期がありました。「今やらなければだめだ」とか、「今の子どもたちに何かやらなければいけない」と気ばかりはやってしまい、あれこれ試行錯誤し、空回りしたことも多々ありました。

やがて、ある1つの取組によって一定の良い成果が得られる一方、別のところで軋轢が生まれることがあるとわかってきます。

学校は、校長を含めて所属職員の様々な選択の集合体です。抽象的ですが、Aという選択の結果、Bという選択を助長し、その結果としてのCが選択され、それによって全てを相殺する、という不思議なことが日常的に生じます。つまり、よかれと思って強行したことが、かえって悪い結果を生むことがあるということです。

実は、そうした力学が働いた末、全体としてどっちへ学校が向かうことになるのか、誰にも想像し得ない面もありますが、できるだけ見定める必要があります。

学校は、よく鍋ぶた型組織と言われたりします。管理職である校長・副校長や教頭、そして最近は主幹教諭などを除けば、職位に差がない教諭が大多数を占めているから、権限上の縦の関係のないフラットな組織だ、というのです。

それは、間違った考え方です。そもそも縦関係のない組織など世の中にはありません。

子どもたちの世界にも、部活動では部長がいるし、学級にも学級委員、委員会には委員長、学校全体にも生徒会や生徒会長がいます。ただ、学校の場合には、民間企業ほどの強力な指示・命令構造をもつ縦関係ではない、というにすぎません。

学校には、専門的職能集団としての緩やかなヒエラルキーこそが必要です。それは、一般的な組織論としての構造化されたヒエラルキーではありません。長く在職している人たちの言うことを聞くとか、子どもや保護者への影響力のある教師の言うことを聞くといったことも、ある種のヒエラルキーです。

ヒエラルキーには、今現在の意思伝達だけでなく、未来への意思伝達という機能もあります。それが過大に機能すると、様々な問題も生じます。

また、ヒエラルキーは、暗黙の文化や伝統のようなものも形成します。自分が異動・休職・退職した後でも大丈夫なように、自らが勤務校に所属した証し（DNA）を残していくのです。文化や伝統と一緒で、それを一定程度継承してもらいたいが、状況に応じて悪かったらよりよいものに変えてもらっても構わないということです。

もし、ある集団に縦関係がまったくなければ、お互い同士が正面から対決せざるを得なくなります。組織としての機能不全により、個々の力学のみが強固に働くからです。

仕事である以上、必ず何らかの目標を立ててその実現に向かって試行錯誤していくものですが、教師の仕事は民間企業とは異なります。学校の場合には企業と違い、利益追求という究極目標で利害関係を調整することができません。

確かに民間企業でも、人材育成にも力を入れていますが、それは、人材育成によってより大きな収益を上げるという目標のためです。つまり、人材育成は手段なのです。しかし、教育や教師の世界では、人材育成そのものが目標です。ＯＪＴ（教師教育）そのものが子どもの成長のためのものです。

子どもがしっかり育つことが教師の成果である以上、利益といった定量的な評価にはなりにくいし、定性的な評価は必ずしも数値化できません。

学校は、１つの価値観（例えば、利益追求）に収斂するには不向きな組織で、子どもの成長や発達を促すための様々な価値観がそれぞれ独立して存在し、その一つ一つが評価される形で併存する独自の場所なのです。

そうすると、ある意味で、どれもみなそれぞれに正しいわけですから、どれをどのように選ぶのかを命令的に決定することはできません。優先順位を考えながらベクトルを意識し、接合点を模索しながら決めていくということになります。

したがって、トップダウンのようなヒエラルキーは、学校には向きません。たぶん学校に向かないだけでなく、これからの社会では民間企業においてもその効果が薄まってくることになるでしょう。皆で考えて、意見を出し合い、主幹教諭や主任教諭がまとめ、管理者が判断・決定する。その方向性を全体が尊重する。

一時、提唱された熟議のような考え方がまさにそうですが、こうした新しい公共性が、民間の組織にも、そして社会にも求められつつあると思います。多少のゆり戻しはあるものの、多様性が生き、それを活用する社会にあっては、このような方向性に進むと思われます。その点、学校は昔から極めて専門性の高い（職人的）職能集団ですから、この方法論については、今後民間の方にも学んでいただける点があると思われます。

選択するということ

たとえば、どのような副作用があるか明らかになっていない新薬を認可するかどうかという場面を想像してみましょう。認可すれば、社会的にはけっこう軋轢があります。しかし、結果としては多くの人を救うかもしれない。それが選択肢Aです。

選択肢Bは、社会秩序を重視して、いいことがあるとしても、必ず反動が起こって悪い結果になることのほうが多いから、やめたほうがいいという選択肢です。

さて、あなたはどっちを選びますか？

結局これは、どっちが正しいといえるものでありません。価値判断の問題です。自分は何を基準にして物事を決めていくかということです。

新しい実験的な授業は、古き良きトラディショナルな授業に比べると、奇をてらっていて失敗も多いかもしれません。何をやっているんだと言われることも多いでしょう。しかし、子どもにとってはどちらが魅力的なのでしょうか。

子どもたちは、何かを一所懸命やっている教師が間違いなく好きだし、おもしろいことをやろうと努力している教師の気持ちを的確に理解します。子どもはいつも未来志向なのです。

逆に、旧態依然として「また同じことを言ってるよ」と思われる教師は、子どもからそっぽを向かれます。こうしたことは、別に今はじまったことではないですが、変化の激しい今の学校では、その傾向がより顕著です。

長い見通しをもつことで大きな利益をあげられる事柄というのは確かにあります。しかし、目先の利益もないと次につなげる手を打つことができなくなります。どちらも大事なのです。戦略と戦術の関係とも言えます。

大事なのは、「選択肢AとBのどっちが正しい?」という二者択一的な考え方ではなく、両方を考えてどちらを選んでいくかを価値判断することです。それが、その人の生きざまであり、どちらが良い悪いの問題ではありません。先の新薬の開発では、それが会社の方針となります。

先々どちらが良かったにせよ、殊に教育現場では、たとえ良くないほうの選択をしたからといって「あなたはだめだ」ということにならないのではないかと思います。結果は大事ですが、なぜそのような結果に至ったのか、失敗と成功は、実は紙一重なのです。そのときの状況で、どちらにでも転びうることが多いのです。

人の考え方というものを、個人対個人という形で対決させてしまえば、結論は出ません。「どちらにも理があるよね」と言うほかないからです。要は自分としてはどうするか、組織としてどうかということです。

特に、組織として、とにかくどちらかを選択しなければならないといった場合には、個人レベルで還元できない社会的価値とも突き合わせて、どちらが現実的か、あるいは先々幸福な人が増えるのはどちらかを考える必要があります。最大多数の最大幸福ということでしょうか。

例えば、Ａ先生の意見とＢ先生の意見、個人としてはどちらも肯定し得る際、我が校の風土、雰囲気、状況を勘案して、どちらかが致命的に傷つくのなら、また子どもの成長にとって不明なら選ぶのはやめるという、そんな選択肢Ｃがあってもよいのだろうと思います。

人間関係調整力の弱体化

現在、学校現場に限らず、どの業界においても、コミュニケーション不足、いわば人間関係調整力の弱体化が問われています。それは、核家族が増えて家庭の規模が小さくなった上に、少子化で子どもが減っていることに要因の一つがあると思います。おじいさん、おばあさん、おじさん、おばさん、隣近所とのつき合いが減って、家庭の教育力、地域の教育力は明らかに弱体化しました。

家庭の中では、お父さん、お母さんとして、子どもに対してはとてもいい親であることができる。しかし、地域の人とのつき合い方は下手。というか、そもそもつき合う機会をもとうとしてないから、上手になるわけがない。こうしたケースは本当によくあります。とにもかくにも、それが今の現実です。

で、何かしら大きな問題が起きたとする。例えば、外敵。攻めてこられたらどうすればいいのか。各家庭で対応できなければ、家庭が寄り集まった地域で、力を結集して立ち向かわなければなりません。しかし、そうすることがどんどん難しくなっていっています。

この日本で、歴史的に最も危険な外敵とは何か。言うまでもなく、自然災害です。生命の恵みをもたらす自然が、ひとたび牙をむけばどのようになるか、私たちは歴史的によく知っています。そういう国土に住んでいるからです。

東日本大震災の際には、いち早く自治組織を立ち上げた地域では、避難所運営が非常に円滑になされました。お互いに被災者でありながら、なぜ迅速に自らを組織化できたのか。なぜ、諸外国であるような、暴動や略奪が起きなかったのか。それは、震災以前に、地域の人たちが顔見知りの関係を築いていたからにほかなりません。地域住民として、日本人として協力し合う関係性があったからです。

地域のつき合いはとかく煩わしいものです。都会では、あえてつき合わなくてもそれほど不都合はありません。しかし、災害等の危機の際には、地域の関係の脆弱性がそのまま自分たちに跳ね返ってきます。

今でも田舎には、煩わしいことがたくさんあります。自由に生きづらくもあります。しかし、その煩わしさの中で、人々は生き抜く知恵を獲得しているのです。

煩わしいから嫌だと関係を断ち切ってしまうと、人とかかわりながら生きる知恵が継承されなくなります。生き抜く力が弱まります。

私たちは高度成長以降、ひたすら便利さを追求し続けてきました。そうした便利さを価値とみなしてきたわけです。しかし、この便利さというのは同時に、生きる知恵を継承するために必要な煩わしさを取り除くという作用もあったようです。

便利さと煩わしさは双方とも大切なものです。車を例にすると、スピードの出る車であれば目的地に早く到着するかもしれない。それは一つの価値です。ときにはそれが必要です。

しかし、その一方で速ければ速いほど、景色が目に留まりにくくなっていく。自分の足で歩けば見えるものが速いと見えない。そうすると、その過程にある苦労や知恵がどうでもよくなってしまう。

しかし、そのような苦労や知恵が、そのスピードや便利さをつくり出したのです。社会の発展のためには加速化が大事なのですが、加速化だけを考えてしまうと、それに必要だったはずの知恵が弱体化してしまいます。

嫌なものや不快なものを全部取り除いてしまうと、それとは違う問題が起きてしまうことがあります。変な例ですが、体内でギョウ虫を飼っているとアトピー性の疾患にはならない、と言う人もいます。体内に異物をもっていると、その異物に対する免疫が過度にならないという考え方なのです。多少の菌との共存は必要です。

免疫とは異物の排除です。その除去作用がうまく機能して、全体のバランスがとれているわけです。しかし、免疫が強すぎて過度に異物を除去してしまうと、体に必要なものまで排除されるなど、免疫の過剰反応が免疫不全を起こしてしまうのです。アトピー性の疾患もそのようなものだと考えるわけです。

学校では、「手をよく洗いなさい、うがいをしなさい」と指導します。インフルエンザが流行している際には、とても大切なことです。予防のためにも、習慣化したほうがいいものでもあります。しかし、それが行き過ぎてしまって、網棚やつり革も汚いと、いちいち拭くようになったり、手袋をしたりするなら、一般的ではなくなってきます。

無菌室での暮らしが当たり前になってしまうと、無菌室から出ることができなくなってしまう。無菌状態こそが、病弱な人間をつくり出すという矛盾です。ですから、不自由なものとか、嫌なものをみな排除してしまうと、生き抜くたくましさがなくなったり、生きる力が弱くなったりします。

煩わしくて多様なつき合いを一切捨象してしまったら、人間関係調整能力が弱体化するのは自然なことなのです。そのような意味で、公立学校の良さは、まさに子どもたちが生き抜く力を育む多様性にあるとも言えます。

優等生主義の本当の問題点

かなり昔のことですが、勤務先の校長先生が、「子どものころ、兄弟が本当に多くて8人もいてねぇ。2人ほど亡くなったけど、まだ6人もいれば1人や2人くらい変わり者がいても当然だよ、と親が話していてね」と笑いながら語ってくれました。おおらかなもので、親自身がそういう感覚になるのです。

「この子はちょっとおかしいかな?」と思う子がいても、「まぁ、仕方ないな」となります。変わり者のまま、いわば生存が許されるわけです。しかし、今は1人か2人くらい、多くてもせいぜい3人です。すると、親の目がそれぞれの子に熱く注がれすぎてしまって、変わり者では生存が許されない状況が生まれます。

周囲の期待が集まりすぎると、子どもたちは息苦しくてのびのびできません。ちょっとでも悪い子にはなれない。それによって、自分の立場や存在が許されなくなることを直感的に理解しますから。

私は優等生主義ではダメだと思っています。優等生というのは、ある時期はどれだけ良く見えても、人生の最後まで優等生であり続けることはけっしてできません。

失敗、挫折、苦しみ、トラブルといった様々な問題を経て、人間は曲がりなりにも成長していくのです。優等生主義でいこうとすると、得てして失敗を限りなく回避しようということになります。

野球選手は、３割以上打てれば首位打者の名乗りをあげられます。でも、実は残りの７割近くは凡退しているわけです。むしろ失敗が多いから、挫折が多いから、それがかえって成功につながるのだろうと思うのです。数を打つことで、失敗も成功も増えるのです。人は失敗から学ぶというわけです。

優等生は、時に何年か経つと劣等生になっていたりします。中には優等生のまま社会に出て重要な地位まで上り詰める人がいますが、そこまでいくとかえって怖いと思います。失敗したことのない人に、失敗することが日常茶飯事の世の中で強い影響力を及ぼされたら、社会はたまったものではありません。

優等生主義とは、裏を返せば、「失敗を絶対許さない主義」とも言うべきものです。それは人間の可能性そのものを捨象してしまう怖れがあるのです。

学校は成果主義と相いれない

いっとき「学校にも成果主義を」ということが言われた時期がありました。今でもそう言う人もいます。これからの学校教育は、市場経済主義の論理を取り込むべきだと。しかし、結論から言うと、成果基盤型の考え方は、学校と相いれません。

もちろん、教育にも成果はあります。では、その成果とは何でしょうか。それは一人一人の子どもの成長という曖昧なものこそが教育の成果なのです。

そもそも目に見える成果とは何なのでしょうか。いつからいつまでの成果なのか。つきつめていくと、そうした主張をする人たちの言う成果とは、私たち教師が従来とらえてきた長期的な教育効果とは異なり、1年や2年程度の短期の結果を言っているにすぎません。子どもの成長などといった、長期的展望に立った考え方ではまったくないのです。

本来、私たち教師が目指している教育効果は、1年や2年程度の短期で現れるものではありません。10年、20年の非常に長いスパンでものを考え、将来のその子にとって必要なことは何なのか、そして、それを実現するために「今」何をすべきかというとらえ方なのです。キャリア教育、いえ人生教育こそが人間の教育だと言えます。

そのように「今」を考えたときにはじめて、勉強は必要だし、学力テストも行うし、進学を目指している子には志望校に行けるよう受験にも対応するのです。これはあくまでも長期の展望に立ってのことであって、「目先のテストの点数を5点、10点上げればいい」と思ってやっているわけではありません。

それより、子どもたちが「楽しい」「嬉しい」「悔しい」「今度はこんなことをやってみたい」「明日、学校に行くのが楽しみ」と、次につながる気持ちをもてるほうがはるかにその子の将来に寄与すると思います。

教師の直感こそ、危機を回避する最高のパラメータ

人生とは、何がどこで待ち受けているかわからないものです。いつでも誰にとってもそうで、決して特別なことではありません。問題は「誰にでも」「どこでも」「いつでも」起こり得るものです。

たとえば、いじめによる子どもの自殺。とんでもなく悲惨なことですが、正直な話、完全に予知できるものではないかもしれません。問題行動などもそうですが、教師の世界においては綱渡りのようなもので、この仕事をやっている限り、事故や事件という恐怖からは決して逃れられません。

では、「毎日びくびくしていればいいのか」といえば、そんなことはまったくありません。学校という職場には、教師一人一人がやりがいに思えることがたくさんあります。

子どもが生き生きとして学校がどんどん変われば、楽しいし、嬉しいし、「また明日もがんばろう！」という気持ちになれます。「教師ってすばらしい」と思えるようなやりがいが、日常生活のいたるところにあるのです。

その一方で、どれだけがんばっていても、どれだけ注意を払っていても、うまくいかないことや、予期せぬまずいことが起こってしまうのもまた学校です。絶頂期だと思った最中、突如として奈落の底に突き落とされるようなことが起きてしまうこともあります。このような想定不可能な未知の部分が、学校には実にたくさんあります。

しかし、これは、教師でなくても、どのような人生の選択をしたとしても、あり得ることなのだと思います。それならば、あれこれ思い悩んでも、しょうがないじゃないですか。

地震や災害と一緒で、起きるときは起きてしまうものです。備えあれば憂いなしとは言うものの、「そもそもそういうものなんだ」と思うよりほかありません。もちろん、準備がいらない、予測が不要というわけでは決してありませんが。

クライシス・マネジメントと言いますが、それが機能したり、功を成していたりするのは、本当は常に結果論です。「だったら備えなどいらないのではないか」という話ではなくて、備えは万全だけれど、問題は起きるときは起きてしまう、というとらえ方をもつこともまた必要であるということです。

たとえば、子どもの安全を守るための避難訓練の最中に事故が起こり子どもがけがをしてしまう、ということが実際にあるわけです。防災訓練の最中の火事で消防車を呼んだとか、安全指導のさなかで救急車が駆けつけたなど、枚挙にいとまがありません。危機管理の一環であったはずの行動が、思わぬ服務事故につながってしまうこともあります。

事故や事件が起きると、マスコミを中心に批判や抗議の大合唱が起きたり、非難でＨＰが炎上したりします。危機管理マニュアルはあったのか、それはちゃんと履行されていたのか、もしそうならマニュアルの中身が甘いのではないか、などなど。結果、あれもこれもとマニュアルがどんどん分厚くなっていったりします。

それで本当に抑止されればよいのですが、あまりにマニュアルが分厚くなってしまうと、まともに読めないし、それをそのまま履行することがますます困難になります。たとえがんばって履行したとしても、時間と労力がそれに費やされてしまい、本来の学校教育の中核である教育活動が疎かになってしまう。そんな本末転倒の状況が生まれてしまうのでは、笑えない逆説と言うほかありません。

ここでも、完璧主義がいけないのだろうと思います。どうせ完璧になどできやしません。一定の準備はしますが、何か問題が起きたら、そのつど対応するほかありません。トップダウンのマニュアル主義ではなく、柔軟な現場主義が大切だと思うのです。

その一方、何か大きな問題が起きる際には、事前に気配のようなものがあったりします。

普段と同じ学校であるはずなのに、何かいつも見ている校内の様子とは違って見えるとか、子どもたちの言動に何となく違和感があるとか、どうも嫌な感じがするとか。非科学的だとは思いますが、長く教師をやっていると、そのような気配を感じることが誰にでもあります。これは経験知のなせる技です。

思い過ごしで終わってしまうことも多いのですが、実際に大きな問題が発生することもあります。そのようなとき、直感のようなものを重視して、緊急に校内の点検を行ったり、子どもたちを指導したり、いつもより早く下校させたりすることで、問題を事前に回避できたり、回避には至らなくとも被害を最小限に抑えられたりすることが実際にあるのです。

ある種の事件・事故の予兆、伏線のようなものを重視し、その感覚をもとに対応することで功を奏することがあります。ヒヤリ・ハットとも言うべきものです。

ヒヤリ・ハットとは、「突発的な事象やミスにヒヤリとしたり、ハッとしたりするもの」を由来とするもので、「重大な災害や事故には至らないものの、直結してもおかしくない一歩手前の事例の発見」を言うそうです。

学校現場でいえば、先の「いつも見ているはずの校舎や子どもたちの様子が、何かしら違って見える」こうした教師の直感は、ときに鋭敏です。それを重視すべきだと私は考えています。

そのためには、自分の感覚を鋭くするとか、アンテナを張り巡らせることが大事だと思います。教師がフラットだと入ってくる電波が多いものです。

子どもとのフランクな会話の中で、いつもとは違う気配を感じ取って「どうかしたの?」と尋ねてみる。「何かちょっと危ないな」と感じたことをできるだけ可視化するのです。

人は、誰かに怒られるという感覚があると、絶対にそれを言いません。怒る上司にはまともに報告しないものです。本当は怒られるような内容の報告こそ、最も重大かつ必要な情報であるのですが。

子どもは、その傾向が大人よりも顕著です。自分に対してネガティブなことは、どんなときでも言いたがりません。だから、一番心配なことや、とても困っていることは、自分の大切な家族には言わないものです。

しかし、その一方で心の中ではそれを言いたいという気持ちがあって、そうした気持ちの断片が何らかの形で表れます。たとえば、保健指導のノートに、「ちょっとこれって危ないんじゃないか」と感じるような言葉が書いてあったりするのです。

「ネガティブなことが、その人にとっていちばん大事なことだった」ということがよくあります。それが大事なことだと自分でもわかっているから言おうと思うのだけど、同時にネガティブなことであることもわかっているので怖くて言えない。誰かのことを気遣って気の毒だから言えない。きっとまた怒られるだろうと思うから、人には、特に親には言えない。こうしたことはよくあることです。そして、これが現実を一層悪化させることになるのです。

そこで、教師としては、子どもとの間に築いた堤防にちょっとだけ切れ目を入れておくことが必要です。すると、そこから水があふれてきます。

戦国時代に、武田信玄によって考案された堤防に「霞堤《かすみてい》」というものがあるそうです。「連続する堤防ではなく、あらかじめ間に切れ目を入れた不連続の堤防」です。「浸水が予想されている遊水地で、洪水時の増水による堤への一方的負荷を軽減し、決壊の危険性を少なくさせる」という日本人の知恵です。決壊する前に水量の変化がわかるからです。

これにより「わりとフラットな状態だったのに、こんなにあふれた」ということが感知できるようになります。感覚を鋭くするとか、アンテナを張り巡らせるとはこういうことです。こうしたことは、子どもへの対応のみならず、保護者や地域住民との関係においても同様です。

ここでも、堤防そのものは必要です。子どもとの間の「堤防」は、教師であるために必要な威厳や権威とかかわってくるものなので、なくしてしまえばよいというものではありません。子どもと友達になってはダメということなのです。

しかし、あまりに高々と造られた堤防だと、ネガティブな問題という名の水がすべてせき止められます。問題を見逃してしまいます。

どれだけ堅牢な堤防でも、起こる問題の質と量がその堤防を凌駕するものであれば、いつか必ず決壊します。しかも、大水で一挙に決壊すれば、人々にとって取り返しのつかない大惨事となります。

重大な事件・事故に直結してもおかしくない一歩手前の事例として「これは相当の量だぞ」ということをあらかじめ発見できたなら、その水量を計測し、その質を分析して事に当たることができます。

問題の早期発見、早期対応というのはそういうことです。発見できるやわらかな仕組みや関係が不可欠であるということなのです。

エピローグ——教師は本当にいい仕事！

私は、崇高な理由があって、教師という職業を選んだわけではありません。ただ国語が好きで得意だったからです。ピアノが弾けるとか、運動が得意であるとか、誰もが何かしら好きなことや得意なことがあると思います。私の場合には国語だったのです。

先生から教わったことを再生するテストは苦手でしたが、応用問題や受験には不思議と強かったのです。人間が好きだったこともあるし、それで何となく国語の教師を選んだというわけです。

そんな割と安易に選んだ仕事ですが、私は教師になって本当によかったと思っています。その素晴らしさを与えてくれる源泉が「人とのかかわり」です。教師は、実に多くの人とのかかわりを通じて思い出を与えることができる職業です。

人間が好きだったとはいえ、特別子どもが好きというわけでもなかった私が、本当に教師に向いていたのか、今をもってしてもよくわかりません。しかし、この仕事をやり続けてこれて、本当によかったと思っています。

「人とのかかわり」というものは、俗に言うプライスレスです。お金には換えられません。

このことは、（教師の世界に限らず）他の業界でも同様だと思います。しかし、それでもなお、教師の世界は特別だと私は感じるのです。職場で出会う人々（主に子どもたち）の数が圧倒的に多いからです。

教師は、相当な人数の人間に対して教育的行為を及ぼす職業です。そうした特殊性ゆえに、たいへんなことや嫌なことがたくさんあります。

相手のことを思って行ったことが裏目に出てしまって、後々悪い影響を及ぼしてしまうこともあります。ときには、自分の言動を後悔することもあります。しかし、前向きに取り組んでさえいれば、びっくりするような素晴らしいことにも出会えます。人とのつながりの中で、奇跡のような出来事だって起きるのです。

私はもうずいぶん長いこと教師をやってきましたが、「本当にすばらしい職業だなぁ」と心の底から思うのです。

＊

私の様々な話につき合っていただき感謝します。本書を手にとられた方が、教師という仕事、学校という現場に少しでも好感をもっていただければ幸いです。

[著者略歴]
吉田和夫（よしだ・かずお）
東京都新宿区立四谷中学校長
全日本中学校国語教育研究協議会長、元東京都中学校国語教育研究会長。千葉県茂原市立茂原南中学校を初任校とし、同県船橋市立行田中学校で勤務後、東京都の教員となり、調布市立第五中学校、稲城市立稲城第五中学校、品川区教育委員会指導主事、東京都教職員研修センター指導主事、杉並区立大宮中学校副校長、八王子市立城山中学校長を経て、平成22年4月1日より現職。

なぜ、あの先生は誰からも許されるのか？

同僚・上司、子ども・保護者と上手につき合う

2013（平成25）年 3 月 1 日 初版第1刷発行
2022（令和 4 ）年10月 5 日 初版第5刷発行

著　者　吉田和夫
発行者　錦織圭之介
発行所　株式会社 東洋館出版社
〒101-0054 東京都千代田区神田錦町2丁目9番地1号
コンフォール安田ビル2階
代　表　電話 03-6778-4343／FAX 03-5281-8091
営業部　電話 03-6778-7278／FAX 03-5281-8092
振替　00180-7-96823
URL https://www.toyokan.co.jp

装　幀　水戸部 功
印刷・製本　藤原印刷株式会社

ISBN978-4-491-02909-2　Printed in Japan